GERHARD LUDWIG MÜLLER

WAS HEISST: GEBOREN VON DER JUNGFRAU MARIA?

QUAESTIONES DISPUTATAE

Begründet von
KARL RAHNER UND HEINRICH SCHLIER

Herausgegeben von
HEINRICH FRIES UND RUDOLF SCHNACKENBURG

119

WAS HEISST:
GEBOREN VON DER JUNGFRAU MARIA?

GERHARD LUDWIG MÜLLER

WAS HEISST: GEBOREN VON DER JUNGFRAU MARIA?

EINE THEOLOGISCHE DEUTUNG

HERDER
FREIBURG · BASEL · WIEN

CIP-Titelaufnahme der Deutschen Bibliothek

Müller, Gerhard Ludwig:
Was heißt: Geboren von der Jungfrau Maria?: eine theologische Deutung / Gerhard Ludwig Müller. –
Freiburg im Breisgau; Basel; Wien: Herder, 1989

(Quaestiones disputatae; 119)
ISBN 3-451-02119-6

NE: GT

Herstellung: Freiburger Graphische Betriebe 1989
ISBN 3-451-02119-6

Inhalt

Vorwort

Die vorliegende Studie geht auf einen Vortrag „Die geistgewirkte Empfängnis Jesu aus der Jungfrau Maria“ zurück, den ich bei der Bayerischen Dogmatikertagung am 2. Juli 1988 in der Universität Augsburg gehalten habe. Auf Anregung vieler Kollegen wird er hier in erweiterter Fassung zugänglich gemacht und um die Aspekte der Jungfräulichkeit Marias in und nach der Geburt Jesu ergänzt.

Ich hoffe, damit einen Beitrag zur Versachlichung der in jüngster Zeit wieder polemisch geführten Diskussion zu leisten. Das Thema soll jedoch nur in wissenschaftlichem Sinn behandelt werden. Wichtig ist mir die theologische Erschließung der Heilsrelevanz des christologisch gemeinten Satzes „Empfangen durch den Heiligen Geist, geboren von der Jungfrau Maria“.

Der Theologe darf den kritischen Anfragen nicht verlegen oder ängstlich ausweichen. Er trägt mit an der Aufgabe, daß das öffentliche Glaubensbekenntnis intellektuell redlich und mit froher Bestimmtheit im Gottesdienst gesprochen werden kann.

Daß der Glaube durch die Vernunft nicht gefährdet wird, sondern sie auch bereichert, dürfte gerade bei dieser Thematik deutlich werden.

Herzlich danke ich den Herausgebern dieser Reihe, den Herren Kollegen Rudolf Schnackenburg und Heinrich Fries, für die kritischen Anregungen und die Zustimmung zu den exegetischen und systematischen Ausführungen.

Meiner Sekretärin, Frau Annemarie Schulze, danke ich für die sorgfältige Erstellung des Typoskripts und meinem Assistenten, Herrn Joachim Drumm, für das Mitlesen der Korrekturen.

München, den 25. März 1989 *Gerhard Ludwig Müller*

Einleitung

Das Interesse für eine neue Thematisierung der Jungfräulichkeit Marias ist christologisch begründet. Im Zentrum des christlichen Glaubens steht Jesus Christus oder, genauer, seine Beziehung zu Gott, den er seinen Vater nennt und als dessen Sohn er von der Gemeinde seiner Jünger bekannt wird. Daß der Mensch Jesus nach dem Ausweis aller biblischen Zeugen die eschatologische Selbstvergegenwärtigung Gottes als Heil aller Menschen darstellt, kann seinen Grund nur in einer einzigartigen Einheit von Gott und Jesus haben. Diese unvergleichliche Relation zwischen Vater und Sohn ist die Mitte der Existenz Jesu und zugleich der Ursprung seines Daseins und Handelns. Nur wenn die Beziehungseinheit von Gott und Jesus in ihrer ganzen Wirklichkeit festgehalten wird, kann die Universalität des Erlösungshandelns Gottes in Jesus als einer einzelnen Gestalt der Geschichte begründet werden. Dies wurde auch zum Ausgangspunkt der altkirchlichen Entwicklung in der Trinitätslehre und Christologie. Sie war nicht von dem pädagogischen Interesse einer Umsetzung der Botschaft in einen hellenistischen Denkhorizont geleitet, sondern vom Bemühen einer Sicherung der letzten Fundamente christlichen Glaubens mit dem bestentwickelten Instrumentarium menschlichen Denkens.

Dieser Weg hat freilich seinen Bezugspunkt in der ununterbrochenen Bekenntnistradition der Glaubensgemeinde, die auf ihren apostolischen Ursprung zurückblickt und ihn normativ repräsentiert findet in den Schriften des Neuen Testamentes, die als die schriftliche Objektivation der apostolischen Verkündigung in der Frühen Kirche gelten. Das Neue Testament weist selbst eine erhebliche Bandbreite theologischer Konzeptionen auf, die in jeweils unterschiedlicher Weise die eine Grundaussage der Offenbarungseinheit von Gott und Jesus reflektieren und zur Sprache bringen wollen. Paulus und Johannes kennen, wie der Präexistenzgedanke zeigt, eine göttliche Existenzweise Jesu als Sohn oder Logos Gottes schon vor seiner Sendung in die Welt und damit „vor" seiner irdischen Existenzweise. Dieses ewige Wort Gottes wird in die Welt gesendet und nimmt dabei die menschlich-geschöpfliche Existenz an, um selbst als göttliches Subjekt des Heilshandelns menschlich in der Welt gegenwärtig zu sein.

Dieser hier angedeuteten Linie ist vor allem die altkirchliche Christologie gefolgt. Es war dabei klar, daß der Mensch Jesus nicht zuerst in kreatürlicher Subsistenz für sich selbst verwirklicht ist, um „danach" (sachlich und zeitlich) von Gott als Offenbarungsträger erwählt und adoptiert zu werden. Das Menschsein Jesu existiert vielmehr durch den Willen des Vaters, sich im ewigen Wort nun auch in der Geschichte und Zeit mitzuteilen, eben in der vollen menschlichen Realität des menschgewordenen ewigen Sohnes Gottes. In der menschlichen Wirklichkeit, d.h. in seinem Was-Sein, ist Jesus Christus den Menschen konnatural. Aber in seinem Wodurch-Sein, d.h. dem absoluten metaphysischen Akt der Verwirklichung seines Menschseins, kann er nicht durch einen kreatürlichen, von Gottes Sein absolut trennenden Seinsakt bestehen, sondern nur durch sein göttliches Sein in der Relation zum Vater, weil er sonst nicht dessen Selbstaussage in die Welt hinein sein könnte.

Der Mensch Jesus kann hier „Sohn Gottes" genannt werden, weil er an der Sohnes-Relation zum Vater partizipiert, durch sie existiert und durch den eschatologischen Selbstmitteilungswillen Gottes ins Dasein tritt.

Im Unterschied zu dieser „Christologie von oben" setzen die Synoptiker sozusagen „von unten" an, nämlich beim konkreten Menschen Jesus. Sie fragen nicht, wie der ewige göttliche Sohn des Vaters Mensch wird. Sie fragen umgekehrt, wie dieser konkrete Mensch, dem die Jünger begegnet sind und mit dem sie zusammen waren, in der Tat Sohn Gottes heißen kann, wobei mit Sohn Gottes nicht nur eine allgemeine religiöse Beziehung zu Gott gemeint ist, sondern diese einzigartige Relation, die es ermöglicht, daß Gott in Jesus Christus eschatologisch als Heil der

Menschen gegenwärtig ist. Für die Synoptiker stellt sich die Frage, wie – bei Aufrechterhaltung des Basissatzes der eschatologischen Heilsgegenwart Gottes in Jesus – der absolute Ursprung dieses „Sohnes“ durch Gottes Offenbarungsgegenwart, d.h. in seinem heiligen Geist, begründet ist, daß die Menschheit Jesu unmittelbar durch Gott ins Dasein gebracht wird. Sie fragen also nicht, wie der ewige Sohn Gottes Mensch werden kann, sondern wie dieser konkrete Mensch (eben ohne die Vermittlung des Präexistenz- oder Logosgedankens und damit letztlich der Trinitätstheologie) „Sohn“, also der Offenbarer Gottes schlechthin, sein kann. Diesen bei Markus einsetzenden Typus einer Christologie von der Menschheit Jesu her und ihrer Begründung in Gottes Heilsgegenwart im Geist haben Matthäus und Lukas in ihrem christologischen Prolog (in den „Kindheitsgeschichten“) reflektiert bis zu dem Punkt der letzten Gründung des Menschseins Jesu in Gott.

In der Mitte ihrer hochreflektierten Christologie, die sie jedoch in Form einzelner Erzählungen darbieten, steht die Aussage über das *Ereignis,* wodurch Gott die Existenz des Menschen Jesus und damit seine Heilspräsenz in der Welt verwirklicht. Gottes Geist ist Gottes wirkende Macht, die über die Grenzen kreatürlicher Möglichkeiten hinaus aus Maria das Menschsein annimmt, eben nicht in der Weise geschlechtlicher Zeugung, sondern in der Weise schöpferisch-erlösender Annahme und damit der absoluten metaphysischen Konstitution des Menschseins Jesu ohne die zweitursächliche Vermittlung eines menschlichen Zeugungsaktes. Der Mensch Jesus existiert also ausschließlich durch Gottes Offenbarungsgegenwart in seinem Geist, der Gott selbst ist. Dies begründet die einmalige Relation dieses Menschen Jesus zu Gott als seinem bleibenden Grund („Vater“), aus dem er und auf den hin er in der Einheit seines geist-leiblichen Menschseins existiert („Sohn“).

Die geistgewirkte Entstehung Jesu aus der Jungfrau Maria ohne menschlichen Zeugungsakt will also nicht eine erläuternde und interpretierende Veranschaulichung dafür sein, daß die Menschheit Jesu vom Geist geheiligt ist und durch seine Gegenwart nun auch „Sohn Gottes“ genannt werden kann. Es geht vielmehr gerade um das von Gott her gewirkte *Ereignis,* wodurch die

Menschheit Jesu in ihrer Relation zu Gott so konstituiert wird, daß sie nun „Sohn Gottes" heißen kann. Dies weist auch die grammatische Struktur des Verses Lk 1,35 aus. Auf Marias Frage, wie das geschehen solle, da sie doch keinen Mann erkenne, antwortet der Engel, daß der Heilige Geist in ihr das Menschsein wirke. Daran schließt sich kausal der Satz an: „*Deshalb* wird auch das Kind heilig und Sohn Gottes genannt werden." Eine Halbierung der Jungfräulichkeit Marias in eine theologische und in eine biologische Dimension legt sich von den Texten selbst nicht nahe. Gemeint ist freilich weder eine geschlechtliche Vereinigung des Gottesgeistes mit Maria noch eine Befruchtung mit einem irgendwie gearteten materiellen oder geistigen Samen, der von Gottes Geist ausginge, so wie sich dies von den heidnischen Theogamievorstellungen her nahelegen würde. Im Rahmen biblischer Gottesvorstellungen geht es um den schöpferischen Akt Gottes, der nicht auf die natürliche Kausalität angewiesen ist. Er erwirkt sich in seiner universalen Wirksamkeit aus Maria das Menschsein ohne menschlichen Zeugungsakt und vereint sich mit dieser menschlichen Seinsweise, so daß er selbst durch den Menschen Jesus in der Welt gegenwärtig sein kann. Dies ist mit der geistgewirkten Lebensentstehung Jesu gemeint. Andererseits bezeichnet die Tatsache der Jungfräulichkeit Marias die Unmöglichkeit des Hervorganges einer solchen einmaligen Relation eines Menschen zu Gott aus den reinen Potentialitäten der Kreatur. Daß Jesus aber das Menschsein aus der geistig-leiblichen Konstitution einer menschlichen Person (als Frau) empfängt, ist zugleich der Ausweis für seine uneingeschränkte Konnaturalität mit den Menschen. Der Akt dieser Annahme des Menschseins enthält damit aber auch die Einlösung der Verheißung Gottes, selbst das Heil zu sein (Messiasgedanken), und ist insofern schon soteriologisch ausgerichtet.

Die synoptische Christologie von der Menschheit Jesu her mußte also (über ihre Vorlage bei Markus hinausgehend) das Ursprungsverhältnis Jesu zu Gott noch einmal theologisch zur Sprache bringen, wollte sie einen Abfall in die Vorstellungen der Adoptionschristologie vermeiden und nicht hinter dem christologischen Basissatz der Offenbarungseinheit von Gott und Jesus zurückbleiben. Darum kann es sich nicht um ein Interpretament einer schon bekannten Wahrheit handeln. Es geht um die Bezeichnung des ereignishaften Handelns Gottes, wodurch die Wirklichkeit des Menschen Jesus entsteht, die der reale Grund des messianischen Auftretens, Wirkens und Leidens Jesu bis zu Kreuz und Auferweckung hin ist. Die Konstitution der Menschheit Jesu durch Gott ist nicht ein beliebiger heilsneutraler Vorgang, sondern die reale Bedingung der Möglichkeit der öffentlichen Heilswirksamkeit Jesu. Dabei ist die Auferstehung Christi der Höhepunkt der Selbstoffenbarung Gottes in Jesus Christus und damit die Vollendung des Sohn-Gottes-Seins des Menschen Jesus (vgl. Röm 1,3). Dies ist auch der Grund, warum schon bei Ignatius von Antiochien[1] und in der nachfolgenden Bekenntnisbildung die Inkarnationschristologie und der christologische Ansatz der Synoptiker bei der Menschheit Jesu mit ihrer unmittelbaren Konstitution durch das Offenbarungshandeln Gottes (im Geist) in der Annahme aus der Jungfrau Maria zu einer christologischen Gesamtkonzeption verbunden werden konnten.

Innerhalb der matthäischen und lukanischen Christologie stellt die geistgewirkte Entstehung Jesu aus der Jungfrau Maria eine Aussage von höchstem Rang dar. In diesem Sinn ging sie auch in die Symbola der Kirche ein und ist heute wesentlicher Bestandteil des Glaubens der Kirche.[2] Sich mit diesem Thema auseinanderzusetzen heißt darum Christologie zu treiben. Dies gilt auch für den umstrittenen Aspekt an der komplexen Gesamtaussage, nämlich die Empfängnis Jesu und seine Geburt aus der Jungfrau Maria ohne geschlechtliches Zutun eines Mannes. Vielleicht schon bei Matthäus lassen sich apologetische Züge erkennen, die auf jüdische Polemik schließen lassen.[3]

---

[1] Vgl. IgnEph 7,2 (*J. A. Fischer,* Die apostolischen Väter, Darmstadt [8]1981, 146f.); 18,2 (Fischer 156); IgnPhil 6,1 (Fischer 198); IgnSm 1,1–2 (Fischer 204f.); IgnEph 19,1 (Fischer 156): „Und es blieb dem Fürsten dieser Welt die Jungfrauschaft Marias und ihre Niederkunft verborgen, ebenso auch der Tod des Herrn: drei laut rufende Geheimnisse, die in Gottes Stille vollbracht wurden."

[2] *J. N. D. Kelly,* Altchristliche Glaubensbekenntnisse. Geschichte und Theologie, Göttingen 1972 (passim); *H. Steubing,* Bekenntnisse der Kirche. Bekenntnistexte aus zwanzig Jahrhunderten, Wuppertal 1970 (passim).

[3] Grundlegend für die dogmengeschichtliche Entwicklung sind: *H. von Campenhausen,* Die Jungfrauengeburt in der Theologie der alten Kirche = SHAW.PH 1962/3, Heidelberg 1962; *K. S. Frank,* „Geboren aus der Jungfrau Maria" – Das Zeugnis der Alten Kirche: *R. Kilian* u.a., Zum Thema Jungfrauengeburt, Stutt-

Der jüdischen Kritik[4] schloß sich in den großen Auseinandersetzungen bis zum 4. Jahrhundert auch die heidnische Polemik an.[5] Ebenso sind hier Vertreter aus Kreisen christologischer Häresien, vor allem des Adoptianismus, zu nennen.[6] Im 16. Jahrhundert wiesen die Sozinianer, „die Sturmvögel des neuzeitlichen Rationalismus", die jungfräuliche Empfängnis und Geburt Jesu als der Vernunft widersprechend zurück. Beim entstehenden mechanistischen Weltbild erschien sie mehr und mehr als ein isoliertes Naturwunder, bei dem Gottes Allmacht willkürlich in den Gang der Weltmaschine „eingriff".

Unter dem Eindruck des mechanistischen Weltbildes, dem ein deistischer Gottesbegriff entspricht, vermochte auch die Theologie dieses Ereignis nicht mehr aus der inneren Logik der Inkarnation zu begründen und zog sich auf den Positivismus der göttlichen Allmacht zurück, die eben könne, was sie wolle. Daß der Begriff der Allmacht Gottes in einem deistischen Modell, wo Gott und Welt sich wie Konstrukteur und Maschine gegenüberstehen, nicht in seinem ursprünglichen Sinn zu vermitteln war, wurde übersehen. Es fehlte ein wirklich theologisch geklärter Begriff des Wunders, d. h. des Handelns des transzendenten Gottes in seiner Schöpfung. Gott muß aber gerade wegen seiner absoluten Transzendenz als Schöpfer so allwirksam der Welt nahe gedacht werden, daß er ohne eine Aufhebung oder Zerstörung der Eigenwirksamkeit der Schöpfung ihre Potentialitäten über ihre

---

gart 1970, 91–120. Zur dogmengeschichtlichen Entwicklung insgesamt vgl. *G. Söll,* Mariologie = HDG III/4, Freiburg – Basel – Wien 1978; *ders.,* Maria in der Geschichte von Theologie und Frömmigkeit: Handbuch der Marienkunde, hg. v. *W. Beinert* u. *H. Petri,* Regensburg 1984, 93–231.

[4] Zu beachten ist hier die Auseinandersetzung Justin des Märtyrers in seinem Dialog mit dem Juden Tryphon.

[5] In der Auseinandersetzung des Origenes mit dem heidnischen Philosophen Celsus spielt „die Jungfrauengeburt" eine bedeutsame Rolle. Später ist auch Kaiser Julian Apostata polemisch dagegen aufgetreten.

[6] Zu denken ist hier vor allem an Marcion, der die „Kindheitsgeschichten" überhaupt aus den Evangelien gestrichen hat. Hierzu gehört auch die gnostische Sekte der Karpokratianer, die sagen, daß Jesus der natürliche Sohn Josefs sei. Auch die altchristlichen Sekten der Ebioniten und der Cerinthianer leugnen die Jungfräulichkeit Marias ante partum.

Isidor von Sevilla, Etymologiae VIII, 5,37 (BAC 433, 696) sagt, daß auch die Photinianer sich dieser ebionitischen Häresie angeschlossen haben. So schon *Augustinus,* De haeresibus VII (CCL 46,293 f.).

natürliche Reichweite hinaus lenken kann und dabei sich selbst als Heil zeichenhaft nahebringt, ohne selbst zu einem zusätzlichen kategorialen Glied der natürlichen Kette von Ursachen und Wirkungen zu werden.

Es konnte bei dieser geistesgeschichtlichen Konstellation nicht ausbleiben, daß in dem dem Christentum gegenüber kritischen Zweig der Aufklärung das Thema „Jungfräulichkeit Marias“ zum Gegenstand des Spottes über die naturwissenschaftliche und historische Ignoranz der Unaufgeklärten wurde.

Denen, für die der fehlende Realitätsgehalt der virginitas ante partum (hinsichtlich ihres übernatürlichen Charakters) feststand, legte es sich nahe, ihre Entstehung sowie auch das starre, d.h. „dogmatische“, Festhalten durch das kirchliche Bekenntnis motivationspsychologisch zu erklären. Die Feuerbachsche Projektionstheorie versteht sich als eine solche Erklärung, indem sie die einzelnen Bekenntnissätze als ins Theologische verfremdete Aussagen des Menschen über sich selbst „entlarvt“: „Warum wurde denn Gott der Sohn nur im Weibe Mensch? Hätte der Allmächtige nicht auf andere Weise, nicht unmittelbar als Mensch unter Menschen erscheinen können? Warum begab sich also der Sohn in einen weiblichen Schoß? Warum anders, als weil der Sohn die Sehnsucht nach der Mutter ist, weil sein weibliches, liebevolles Herz nur in einem weiblichen Leib den entsprechenden Ausdruck fand?“ [7]

Es ist der hier betretene Weg einer psychologischen Ableitung aller Glaubensinhalte, der für die künftige Fragestellung auch in der sogenannten „Jungfrauengeburt“ maßgebend geworden ist. Fehlende naturwissenschaftliche Kenntnisse in der antiken Welt hätten auch die Evangelisten zu einer mythologischen Deutung der Ereignisse um Jesus geführt. Dem modernen naturwissenschaftlichen Weltbild stehe die antike mythologische Weltdeutung gegenüber, die auch den Rahmen für die biblischen Aussagen abgab.

Schon wenige Jahre vor Feuerbachs Hauptschrift hat David Friedrich Strauß entgegen der traditionellen supranaturalistisch-

---

[7] *L. Feuerbach,* Das Wesen des Christentums (1841): Werke in sechs Bänden, hg. v. *E. Thies,* Frankfurt a.M. 1976, 84.

dogmatischen Position, aber auch im Gegensatz zur rationalistischen Wunderkritik bzw. der moralistischen Interpretation des Christentums bei Kant eine mythische Deutung versucht. Er versteht „unter neutestamentlichen Mythen nichts Anderes, als geschichtsartige Einkleidungen urchristlicher Ideen, gebildet in der absichtslos dichtenden Sage“.[8]

So begreift er gerade auch „die Geschichte der Erzeugung Jesu als Mythus“.[9] Es wäre die jungfräuliche Empfängnis „ die auffallendste Abweichung von allem Naturgesetze“.[10] Eine biologische Deutung scheide aus, „indem es physiologisch gewiß ist, daß das Zusammenwirken zweier geschlechtlich verschiedener Menschenkörper nothwendig ist, wenn die Keime zu Organen eines neuen Menschenlebens sich aussondern und befruchten sollen“.[11] Mit einer weitläufigen kritischen Analyse der ersten beiden Kapitel bei Matthäus und Lukas stellt er fest, daß die einzelnen Kindheitsgeschichten ihrer literarischen Eigenart nach nicht historischen Charakter haben können. Sie sind vielmehr die mythisch-legendarische Einkleidung des Glaubens an Jesus als einen großen Gottesmann. In der hellenistischen, ägyptischen und unter anderen Voraussetzungen sogar in der jüdischen Vorstellungswelt haben alle großen Männer eine außerordentliche Geburt und werden Göttersöhne (z. B. Romulus und Remus, Alexander der Große, Plato, der ägyptische König) oder Sohn Gottes (Psalm 2,7; 82,6; 2 Sam 7,14) genannt. Unter dem Einfluß der Messiasverheißung (Jes 7,14 LXX) glaubten die Evangelisten, daß Jesus durch Gottes Kraft von einer Jungfrau geboren werden müsse. Was sie aber für logisch notwendig erachteten, glaubten sie nun auch als wirklich geschehen, „und so entstand ein philosophischer (dogmatischer) Mythus über die Geburt Jesu“.[12] In Wirklichkeit jedoch sei Jesus ganz natürlich aus der Ehe von Josef und Maria hervorgegangen.

David Friedrich Strauß hat mit seiner mythologischen Erklä-

---

[8] *D. F. Strauß,* Das Leben Jesu, kritisch bearbeitet, I, Tübingen 1835; Nachdr. Tübingen 1984, 75. Vgl. hierzu *H. M. Köster,* Die Jungfrauengeburt als theologisches Problem seit David Friedrich Strauß: Jungfrauengeburt gestern und heute, hg. v. *H. J. Brosch* u. *J. Hasenfuß,* Essen 1969, 35–87.

[9] *D. F. Strauß,* Das Leben Jesu I, 173.

[10] Ebd. 152. [11] Ebd. [12] Ebd. 174.

rung die bis heute verwendeten Kategorien ins Spiel gebracht. Er unterscheidet zwischen einer physiologisch-biologischen Auffassung und einem theologisch-allegorischen Interpretament. Zum anderen hebt er den Bericht von der jungfräulichen Empfängnis als (biologisch unmögliches oder unbeweisbares) historisches Faktum von der dogmatisch-supranaturalistischen Deutung ab, der er eine mythisch-legendarische Sicht entgegensetzt. Wie später in Abhängigkeit von Strauß der Mythos auch immer gedeutet wurde (rationalistische Forderung nach seiner Eliminierung aus Bibel und Glaubensbekenntnis,[13] Interpretation als erbauliche Geschichte und Weihnachtsromantik, existentiale Interpretation des Mythos,[14] Veranschaulichung eines archetypischen Musters im kollektiv Unbewußten[15]), an der Ablehnung als historisches Faktum bzw. als ein aus Gottes Transzendenz heraus gewirktes Ereignis blieb kein Zweifel.

Ob der duale Schematismus „objektives Faktum und subjektive Deutung" allerdings geeignet ist zur Beschreibung des transzendenten Wirkens Gottes in der Welt und ob er dem Wesen einer geschichtlichen Offenbarung adäquat sein kann, wurde selten gefragt. Hier kann eine Reflexion nur auf die Regeln einer Texthermeneutik nicht genügen. Es bedarf einer fundamentalen hermeneutischen Fragestellung, wie die Wirklichkeit göttlichen Wirkens in der Welt überhaupt gedanklich angemessen zur Sprache gebracht werden kann.

---

[13] Im „Apostolikumsstreit" zu Ende des 19. Jh. (A. v. Harnack) spielte dieses Thema eine wichtige Rolle. Vgl. *H. Barth*, Art. Apostolisches Glaubensbekenntnis II: TRE 3,561f. Vgl. auch *A. Ziegenaus*, Die Jungfrauengeburt im apostolischen Glaubensbekenntnis. Ihre Interpretation bei Adolf von Harnack: Divergenzen der Mariologie. Zur ökumenischen Diskussion zur Mutter Jesu = Mariol. Studien 7, hg. v. *H. Petri*, Regensburg 1989, 35–55.

[14] Grundlegend hierzu *R. Bultmann*, Neues Testament und Mythologie. Das Problem der Entmythologisierung der neutestamentlichen Verkündigung (1941, 8) = BEvTh 96, München 1985; *ders.*, Jesus Christus und die Mythologie. Das Neue Testament im Licht der Bibelkritik, Hamburg 1975, 14: „Man sieht seine Person im mythologischen Licht, wenn man von ihm sagt, er sei empfangen vom Heiligen Geist und von einer Jungfrau geboren."

[15] So *E. Drewermann*, Tiefenpsychologie und Exegese I, Olten u. Freiburg i. Br. 1984, 502–519. Kritisch dazu vom Standpunkt einer wissenschaftlichen Exegese äußert sich *R. Schnackenburg*, Exegese und Tiefenpsychologie: Tiefenpsychologische Deutung des Glaubens? Anfragen an Eugen Drewermann = QD 113, hg. v. *A. Görres* u. *W. Kasper*, Freiburg–Basel–Wien 1988, 26–48.

Eine christologische Problemstellung jedoch, die nach dem Realitätsgehalt der geistbewirkten Entstehung Jesu aus der Jungfrau Maria als einem realen Element der Christuswirklichkeit fragt, kommt mit der schlichten hermeneutischen Figur „Faktum–Deutung“ nicht aus. Hinter ihr steht die Descartessche Zweiteilung in eine objektive Welt, die Gegenstand der empirischen Wissenschaft ist, und eine subjektive Welt, in der das Ich rational oder affektiv die Welt seiner Erscheinungen aufbaut ohne einen Anhalt in der Objektivität. So leiden neuere Versuche gerade auch katholischer Theologen, die Problematik auf die Alternative Faktum oder mythologisches Interpretament (Theologumenon, Christologumenon) bzw. biologische oder theologische Sicht der Jungfrauengeburt zu reduzieren, an einer fehlenden Reflexion auf eine Fundamentalhermeneutik christlichen Glaubens.[16]

[16] Einen Überblick über die nachkonziliare Diskussion zum Thema (besonders in Holland, Deutschland, der Schweiz und den USA) bietet *G. Söll,* Mariologie = HDG III/4, Freiburg–Basel–Wien 1978, 245f.; *St. de Fiores,* Art. Vergine: Nuovo dizionario di mariologia, ed. *St. de Fiores* e *S. Meo,* Milano ²1986, 1418–1424; vgl. auch *H. Riedlinger,* Zum gegenwärtigen Verständnis der Geburt Jesu aus der Jungfrau Maria: ThGl 79 (1979) 22–61; *J. A. Saliba,* The Virginal-Birth Debate in Anthropological Literature: A Critical Assessment: ThSt 36 (1975) 428–454; allgemein zum Thema, *R. Laurentin,* Kurzer Traktat der marianischen Theologie, Regensburg 1959; *W. Beinert,* Die mariologischen Dogmen und ihre Entfaltung: Handbuch der Marienkunde, hg. v. *W. Beinert* u. *H. Petri,* Regensburg 1984, 232–314; *Th. Schneider,* Was wir glauben. Eine Auslegung des Apostolischen Glaubensbekenntnisses, Düsseldorf ¹1985, 232–251. Vgl. *L. Scheffczyk,* „Jungfrauengeburt“: biblischer Grund und bleibender Sinn: IKaZ 7 (1978) 13–25; *H. U. von Balthasar,* Empfangen durch den Heiligen Geist, geboren von der Jungfrau Maria: Ich glaube. Vierzehn Betrachtungen zum Apostolischen Glaubensbekenntnis, hg. v. *W. Sandfuchs,* Würzburg 1975, 39–49; *J. Ratzinger,* Die Tochter Zion. Betrachtungen über den Marienglauben der Kirche = Kriterien 44, Einsiedeln 1977, 29–60; *H. Müller,* Glaubensrede über die Mutter Jesu, Mainz 1980. *J. Galot,* Maria, la donna nell'opera di salvezza, Roma 1984, 91–103; *W. Kasper,* Brief zum Thema „Jungfrauengeburt“: IKaZ 16 (1987) 531–535. Die verschiedenen Gesichtspunkte der Exegese und der vergleichenden Religionswissenschaft, der Dogmengeschichte und der Dogmatik sind auch behandelt in den beiden Sammelbänden: *H. J. Brosch* u. *J. Hasenfuß* (Hg.), Jungfrauengeburt gestern und heute, Essen 1969; *R. Kilian, O. Knoch, E. Lattke, K. S. Frank, K. Rahner,* Zum Thema Jungfrauengeburt, Stuttgart 1970; vgl. *M. Seybold* (Hg.), Maria im Glauben der Kirche = Extemporalia 3, Eichstätt-Wien 1985; Zum katholisch-evangelischen Dialog vgl. *P. Meinhold,* Maria in der Ökumene. Die Mutter Jesu im Neuen Testament, Wiesbaden 1978; *H. Petri,* Maria und die Ökumene: Handbuch der Marienkunde, hg. v. *W. Beinert* u. *H. Petri,*

Im Raum stehen jedoch nicht nur die rationalistischen Vorurteile, die die Möglichkeit einer solchen Konstitution der Menschheit Jesu von vornherein ausschließen. Als wesentlicher für eine theologische Neuthematisierung erweisen sich einige Fragestellungen, die sich vom Neuen Testament her ergeben (etwa die singuläre Bezeugung bei Matthäus und Lukas).[17] Vor allem ist es die formgeschichtliche Methode, die nach der Eigenart und Aussageabsicht der vorliegenden Erzählungen fragen läßt.[18] Insgesamt stellt sich auch dogmenhermeneutisch das Pro-

---

Regensburg 1984, 315–359; vgl. auch die Dokumentation des Catholica-Arbeitskreises: Maria – Evangelische Fragen und Gesichtspunkte. Eine Einladung zum Gespräch, hg. v. Lutherischen Kirchenamt der VELKD: Una Sancta 37 (1982) 184–201. Besonders wichtig ist auch *R. E. Brown* u.a., Maria im Neuen Testament. Eine Gemeinschaftsstudie von protestantischen und römisch-katholischen Gelehrten, Stuttgart 1981. Vgl. auch *P. Planck,* Gottesgebärerin und Immerjungfrau: Christsein und marianische Spiritualität = MSt VI, hg. v. *H. Petri,* Regensburg 1984, 69–76. *I. Gebara – M. C. Lucchetti-Bingemer,* Maria, Mutter Gottes und Mutter der Armen = BThB, Düsseldorf 1988, 109–117.

17 Grundlegende Literatur: *R. Laurentin,* Struktur und Theologie der lukanischen Kindheitsgeschichte, Stuttgart 1967; *J. Riedl,* Die Vorgeschichte Jesu, Stuttgart 1968; *H. Räisänen,* Die Mutter Jesu im Neuen Testament, Helsinki 1969; *J. Michl,* Die Jungfrauengeburt im Neuen Testament: *H. J. Brosch* u. *J. Hasenfuß* (Hg.), Jungfrauengeburt gestern und heute, Essen 1969, 145–184; *E. Nellessen,* Die Verkündigung der Menschwerdung in Mt 2: ebd. 185–204; *O. Knoch,* Die Botschaft des Matthäusevangeliums über Empfängnis und Geburt Jesu vor dem Hintergrund der Christusverkündigung des Neuen Testamentes: *R. Kilian* u.a. Zum Thema Jungfrauengeburt, Stuttgart 1970, 37–59; *ders.,* Maria in der Heiligen Schrift: Handbuch der Marienkunde, hg. v. *W. Beinert* u. *H. Petri,* Regensburg 1984, 15–92; *I. Broer,* Die Bedeutung der „Jungfrauengeburt" im Matthäusevangelium: BiLe 12 (1971) 248–260; *J. A. Fitzmyer,* The Virginal Conception in the NT: ThSt 34 (1973) 541–575; *E. Vallauri,* L'Esegesi moderna di fronte alla verginità di Maria: Laurentianum 14 (Roma 1974) 445–480; *J. McHugh,* The Mother of Jesus in The New Testament, London 1975; *R. E. Brown,* The Birth of the Messiah: a commentary of the infancy narratives in Matthew and Luke, London 1977; *J. de Freitas Ferreira,* Conceição Virginal de Jesus. Análise crítica da pesqisa liberal protestante, desde a „Declaração de Eisenach" ate hoje, sobre o testemunho de Mt 1,18–25 e Lc 1,26–38 = Analecta Gregoriana 217/69, Roma 1980; *J. Kremer,* Lukasevangelium = Die Neue Echter-Bibel 3, Würzburg 1988, 27–30.

18 Vgl. hierzu *A. Vögtle,* Offene Fragen zur lukanischen Geburts- und Kindheitsgeschichte: *ders.,* Das Evangelium und die Evangelien. Beiträge zur Evangelienforschung, Düsseldorf 1971, 43–56; *ders.,* Die Genealogie Mt 1,2–16 und die matthäische Kindheitsgeschichte: ebd. 57–102; *ders.,* Messias und Gottessohn. Herkunft und Sinn der matthäischen Geburts- und Kindheitsgeschichte, Düsseldorf [1]1971; *E. Nellessen,* Das Kind und seine Mutter. Struktur und Verkündigung des 2. Kapitels im Matthäus-Evangelium = SBS 39, Stuttgart 1969; *J. Kosnetter,*

blem, den eigentlichen Aussagesinn dieses Satzes im Glaubensbekenntnis zu erheben. Denn was für andere Dogmen gilt, daß nur ihr eigentlich gemeinter Inhalt zum verbindlichen Glaubensbekenntnis der Kirche gehört und nicht auch die zeitbedingten Vorstellungen, mit denen es verbunden war, das gilt auch für den Satz „conceptus de spiritu sancto, natus ex Maria virgine". Auch bei diesem Thema haben wir es mit dem Problem einer genaueren Erfassung der Beziehung von Schriftaussage und kirchlicher Bekenntnisaussage zu tun sowie mit den Fragen der Dogmenentwicklung und der Dogmeninterpretation im Zusammenhang eines gewandelten Wirklichkeitsverständnisses.[19]

Bevor also die eigentlich systematisch-theologische Problematik erörtert wird, ist es notwendig, die verschiedenen Einwände gegen die virginitas ante partum im klassischen Verständnis zu benennen und einer kritischen Prüfung zu unterziehen. Es sind die Fragen um die rechte Wertung der Geschlechtlichkeit, dann die biologisch-naturwissenschaftliche Problemstellung, die mythologische Deutung, die Fragestellung von der historisch-kritischen Exegese her sowie die Probleme, die sich für eine systematische Christologie ergeben. Besonders gilt es, das biblische Zeugnis zu befragen als die entscheidende Quelle aller theologischen Reflexion. Allerdings ist die Exegese selber schon Theologie und steht im Rahmen einer Gesamthermeneutik des christlichen Glaubens.[20]

Der Geschichtswert der Kindheitsgeschichte Jesu: Aus Christentum und Kultur 3, FS f. F. Loidl, hg. v. *E. Kovács,* Wien 1971, 73–93; *G. Schneider,* Jesu geistgewirkte Empfängnis (Lk 1,34f.). Zur Interpretation einer christologischen Aussage: ThPQ 119 (1971) 105–116; *H. Schürmann,* Die geistgewirkte Lebensentstehung Jesu: Einheit in Vielfalt, FS f. H. Aufderbeck = EThSt 32, hg. v. *W. Ernst* u. *K. Feiereis,* Leipzig 1974, 156–169; *G. Lohfink,* Gehört die Jungfrauengeburt zur biblischen Heilsbotschaft?: ThQ 159 (1979) 304–306; *R. Pesch* (Hg.), Zur Theologie der Kindheitsgeschichten. Der heutige Stand der Exegese. Mit Beiträgen von Peter Fiedler, Dieter Zeller, Ulrich Wilckens, Ingo Broer und Rudolf Pesch, München–Zürich 1981. Zu vergleichen sind jeweils auch die Kommentare zu Mt und Lk.

[19] Zur Dogmenhermeneutik vgl. *K. Rahner / K. Lehmann,* Geschichtlichkeit der Vermittlung: MySal I (1965) 727–782.

[20] Für eine theologische Fragestellung kann es keinen absolut unvermittelbaren Dualismus von Geschichte und Glaube geben und damit auch nicht eine adäquat zu unterscheidende exegetische und dogmatische Fragestellung. Die historisch-kritische Methode, wie sie sich seit dem 18. Jahrhundert ausgebildet hat, bleibt

Im einzelnen werden die Ergebnisse und die verschiedenen Positionen der exegetischen Erforschung vorausgesetzt. Es geht hier nicht um einen Beitrag zu Detailproblemen. Die Absicht dieser Studie ist *systematisch-theologisch.* Das eigene Recht der Dogmatik auch über den Teilbereich historischer Fragestellungen hinaus besteht in einer Darstellung der realen Begründung und der inneren Zusammenhänge der Glaubenswirklichkeit. Die Dogmatik beschreibt nicht nur das immanente System ihrer Ideen und Sätze, sondern sie fragt, wie der kreatürliche Verstand die sich ereignende Realität der geschichtlichen Selbstmitteilung des transzendenten Gottes aufnehmen kann. Dort, wo die Heilige Schrift von Ereignissen redet, die aus der Wirklichkeit Gottes hervorgehen und geschichtliche Realität stiften, kann theologisches Denken sachlich begründete Verknüpfungen entdecken und in anderer Weise zur Sprache bringen, als es in der Heiligen Schrift der Fall ist.

Die Schrift ist selbst eine Einheit von bezeugtem Sachverhalt und seiner Vergegenwärtigung in reflektierter Versprachlichung. Die systematische Theologie setzt auf der Ebene der reflektierten Versprachlichung an und versucht mit ihr und über sie hinaus zum bezeugten Sachverhalt zu kommen und ihn mit ihrem gegenwärtigen gedanklichen Instrumentarium reflexiv zu erfassen. Dies ist aber nur möglich, wenn es sich in der Heiligen Schrift

---

ein unverzichtbares Instrumentarium von Exegese *und* systematischer Theologie, sofern sie sich als Wissenschaft verstehen wollen. Diese Methode ist jedoch nicht an die ideologischen Momente des Positivismus und des Historismus gebunden, womit ihre Entstehungsgeschichte zum Teil verbunden war. Angesichts einer geschichtlichen Offenbarung verbindet sie sich adäquat mit einem geschichtlich-transzendentalen Gesamtverständnis des Offenbarungsereignisses in Christus. Sie muß sich ernsthaft die Frage stellen, wie unter den empirischen Erkenntnisbedingungen der menschlichen Vernunft von einer Gegenwart Gottes und seines Handelns in der Geschichte gesprochen werden kann. Eine bemerkenswerte Zusammenschau bietet *R. Schnackenburg,* Exegese und Tiefenpsychologie: Tiefenpsychologische Deutung des Glaubens? Anfragen an Eugen Drewermann = QD 113, hg. v. *A. Görres* u. *W. Kasper,* Freiburg–Basel–Wien 1988, 26–48, hier 28: „Der historisch-kritischen Methode fällt die Aufgabe zu, die geschichtlichen Bedingungen, die Umstände, die Artikulation der in menschliche Sprache gekleideten und darin nie wirklich eingeholten göttlichen Offenbarung zu erforschen. Das ist wegen der Geschichtlichkeit der Offenbarung ihre unerläßliche Aufgabe, aber auch ihre Grenze. Den Glauben selbst und den existentiellen Anspruch an den Glaubenden vermag sie nicht zu begründen.“

um eine bezeugte Ereignis-Wirklichkeit handelt. Ein bloßes Interpretament oder mythisches Bild kann nicht die Basis einer real-logischen Explikation abgeben.

Es war gesagt worden, der Gegenstand dieser Studie sei von christologischem Interesse. In der Tat geht es bei der virginitas ante partum um die Frage, wer Christus im Verhältnis zu Gott und was er im Verhältnis zur Menschheit ist. Es geht um die metaphysische Konstitution des Menschseins (jedoch keineswegs der göttlichen Natur Jesu) in einem absolut einmaligen Sinn, welcher die reale Voraussetzung ist für die eschatologische Selbstmitteilung Gottes in diesem konkreten Menschen Jesus. Die Jungfräulichkeit Marias in einem ganzheitlichen Sinn, der ihre geist-leibliche Existenz umfaßt, ist das reale Zeichen dafür, daß dieser Mensch Jesus, in dem sich Gott vergegenwärtigt, nicht aus der Potentialität der Kreatur hervorgehen kann. Die Jungfräulichkeit Marias ist freilich, wie besonders Lukas zeigt, keineswegs ein isoliertes somatisches Ereignis an Maria, sondern es bezeichnet ihre personale Relation zu Gott und zu Jesus. Diese Relation, die im Ja-Wort ihres Glaubens gegeben ist, prägt ihre ganze geist-leibliche Existenz und ist auch die Triebfeder ihrer Lebensgeschichte, die ein Weg der Nachfolge Jesu ist.

Mariologie wird darum aber nicht zu einem selbständigen Element neben der Christologie, sondern sie ist bleibend ein Aspekt an ihr, wobei freilich die gnadentheologischen Aussagen christlicher Anthropologie und Ekklesiologie an Maria typologisch verdeutlicht werden können.[21] Der eschatologische Selbstmitteilungswille Gottes, der in der aus Maria genommenen Menschheit Jesu geschichtliche Wirklichkeit wird, bedingt auch die eigenartige Relation Marias zu Gott als Jungfrau und Mutter. Was im einzelnen diese beiden personalen Bezeichnungen für Maria bedeuten, kann nicht vom durchschnittlichen Sprachgebrauch her festgelegt werden. Es sind Aussagen der Anthropologie, bei der jede Verkürzung auf einen rein biologischen Aspekt unmöglich ist. Es geht um anthropologische Aussagen, die im

[21] Vgl. *H. M. Köster,* Der geschichtliche Weg von marianischen Einzelaussagen zum geschlossenen Traktat einer systematischen Mariologie: ThGl 68 (1978) 368–384.

strikten Sinn von der theologisch angezielten Realität her auszulegen sind. Jungfrau bezeichnet hier die Beziehung Marias auf die Konstitution des Menschen Jesus als des Offenbarers Gottes, während Maria Mutter Christi insofern heißt, als sie ein mütterliches Verhältnis zu dem zum Menschen konstituierten Jesus hat, d. h. aber auch von der Inkarnationschristologie her gesprochen zur Person des Logos, der aus ihr das Menschsein angenommen hat. Die christliche Tradition hat darum diese ihre Person bezeichnenden Namen „Jungfrau“ und „Gottesmutter“ auch auf das Heilsereignis der Geburt Jesu bezogen wie auch auf das Verhältnis Marias zu Jesus nach dessen Geburt. Daraus entwickelte sich die bekannte Dreierformel von der Jungfräulichkeit Marias vor, in und nach der Geburt.[22] Diese drei Elemente der virginitas Mariae, nämlich ante partum, in partu und post partum, sind freilich von unterschiedlichem Gewicht. Grundlegend ist die virginitas ante partum, insofern jede mariologische Aussage christologisch ansetzen muß. Da jede christologische Aussage auch anthropologisch eine Bedeutung hat, ergeben sich die Fragen nach dem Grundverhältnis Marias zu Jesus, das durch die Empfängnis gegeben worden ist, die sie in ihrem Glaubens-Ja frei angenommen hat, und nach der Auswirkung in die Geschichte ihres Lebens hinein. Das unterschiedliche Gewicht dieser einzelnen Elemente bedingt auch, daß in der vorliegenden Studie die virginitas ante partum den größten Raum einnimmt und daß der eigentliche Aussagesinn der beiden anderen Elemente von hierher entwickelt werden muß.[23]

---

[22] Die Einzelelemente dieser Formel sind freilich schon vorbereitet, als sie – dann auch in einer sprachlichen Zusammenfassung – in der zweiten Hälfte des vierten Jahrhunderts in der lateinischen Theologie heimisch wird. Sachlich gibt sie wohl den von Epiphanius von Salamis gebrauchten Ausdruck von der Aeiparthenia Marias wieder. Vgl. *G. Söll,* Mariologie = HDG III/4, Freiburg-Basel-Wien 1978, 52-60.74-81.

[23] Vgl. zur gegenwärtigen Forschung *F. Courth,* Zur Situation der deutschsprachigen Mariologie: Mar 43 (1981) 152-174; *G. Rocca,* La perpetua verginità di Maria nella discussione teologica: Ephemerides Mariologicae 27 (1977) 177-214; *L. Scheffczyk,* Exegese und Dogmatik zur virginitas post partum: MThZ 28 (1977) 291-307.

I.
Die virginitas ante partum

1. Die Aussage des kirchlichen Bekenntnisses

In dem von der ganzen Christenheit rezipierten Glaubensbekenntnis, dem Symbolum Nicaeno-Constantinopolitanum, bekennt sich die Kirche zur Menschwerdung ihres Herrn Jesus Christus, des dem Vater wesensgleichen ewigen Sohnes Gottes, aus dem Heiligen Geist und der Jungfrau Maria (DS 150). Die lateinische Fassung bietet eine sprachliche Differenzierung, wie sie uns auch in vielen anderen Symbola und konziliaren Erklärungen begegnet. Die Fleischwerdung des Logos geschieht durch den Heiligen Geist. Er ist das transzendent wirksame Prinzip, durch das Gott die Menschwerdung bewirkt, insofern er das Menschsein, d.h. die menschliche Natur, aus Maria annimmt (incarnatus est de Spiritu Sancto ex Maria virgine et homo factus est).[24]

[24] Es geht hier um die Präzisierung des in fast allen alten Symbola vorkommenden „natus ex Maria virgine" (vgl. DS 10–61). Maria hat den Herrn Jesus Christus, den einzigen ewigen Sohn Gottes, des Vaters, empfangen ohne männlichen Samen (Sperma): Const. Eccl. Aegypt. (DS 61 f.); 1. Konzil von Toledo (DS 189); Papst *Hormisdas,* Ep. „Inter ea quae" (DS 368); Canon 3 der Lateransynode von 649 (DS 503); das Symbolum des 11. Konzils von Toledo i.J. 675 (DS 533); das Symbolum des 16. Konzils von Toledo i.J. 693 (DS 572) redet in diesem Sinn von der „unverletzten", d.h. tatsächlichen Jungfräulichkeit Marias; das Decretum für die Jacobiten des Konzils von Florenz i.J. 1442 (DS 1337); Papst *Pius IV.* stellt mit der Konstitution „Cum quorumdam hominum" i.J. 1555 (DS 1880) gegen die Lehre der Sozinianer und Antitrinitarier fest, daß Jesus nicht aus dem Samen Josefs gezeugt sei, daß Maria beständig Jungfrau sei vor und nach der Geburt; ebenso der Catechismus Romanus I, IV; im Sinne der ganzen Tradition bekennt sich auch das Zweite Vatikanische Konzil, Dogmatische Konstitution über die Kirche „Lumen gentium" Nr. 52 (LThK.E I, 326) zur beständigen Jungfräulichkeit Marias. Bei den Auseinandersetzungen um den Holländischen Katechismus hat die römische Kardinalskommission ein eindeutiges Bekenntnis zur bleiben-

Zweifellos haben wir es mit einer gewichtigen christologischen Aussage zu tun. Sie bindet das Christusereignis radikal an das Mysterium des dreifaltigen Gottes, der sich in der Realität und der Geschichte des Menschen Jesus mitteilt und sich in ihm auf menschliche Weise vergegenwärtigt. Die konziliaren Aussagen wie auch die entsprechenden Argumentationen der Kirchenväter sind von der Entgegensetzung sowohl zur jüdischen und heidnisch-philosophischen Bestreitung als auch zur gnostisch-dualistischen Verfälschung der Tatsächlichkeit geprägt und gehen von der Bedeutung der geistgewirkten Inkarnation des Logos aus der Jungfrau Maria aus. Aber auch die gelegentlich vorgetragene Möglichkeit einer nur metaphorischen Interpretation wird strikt ausgeschlossen durch die immer wieder gegebene Präzisierung, daß nämlich Maria den inkarnierten Logos empfangen habe ohne männliches Zutun (sine virili semine). Diese bewußt hinzugefügte Präzisierung umschreibt gewiß nicht den Kern dieser christologischen Aussage, aber sie wehrt alle spiritualisierende Verflüchtigung im Sinne eines bloßen theologischen Interpretaments ohne Anhalt an der somatischen Wirklichkeit Marias ab.

Die theologischen Aussagen schweben nicht über einer unberührt bleibenden materiellen Welt. Indem Gott als der Schöpfer des Universums bekannt wird und in der Mitte des Glaubensbekenntnisses das Eingehen Gottes in die geschichtlich-materielle Welt steht, betreffen die theologischen Bekenntnisaussagen die *eine* Schöpfung Gottes auch in ihrer materiellen Dimension. Wenn im katholischen Raum gelegentlich die Meinung vorgetragen wird, bei der Definition der Unabtrennbarkeit des somatischen Momentes vom theologisch angezielten Inhalt der gottgewirkten Lebensentstehung Jesu aus der Jungfrau Maria handele es sich nicht um ein Dogma im strengen Sinn,[25] dann dürfte dies wohl eine anachronistische Dogmeninterpretation sein. Denn

den Jungfräulichkeit Marias erbeten; vgl. „Ergänzungen zur Glaubensverkündigung für Erwachsene“. Deutsche Ausgabe des holländischen Katechismus, Freiburg 1969,9. Als Aussage des kirchlichen Lehramtes ist auch zu werten: Katholischer Erwachsenen-Katechismus, hg. v. der Deutschen Bischofskonferenz, Bonn 1985, 174–178.

[25] So *P. Schoonenberg,* Der neue Katechismus und die Dogmen: Dokumentation des Holländischen Katechismus, Freiburg 1967, XXXVII f.

hier geht man von einem verengten neuscholastischen Dogmenbegriff aus, wobei das Dogma nach dem Muster infallibler Kathedralentscheidungen verstanden wird, wie sie die Schuldogmatik seit dem 18. Jahrhundert kennt. In Wirklichkeit sind die Aussagen des Glaubensbekenntnisses authentischer Ausdruck des vom Heiligen Geist getragenen Bewußtseins der Kirche, insofern sie im Glauben mit der Wirklichkeit der geschichtlichen Selbstvergegenwärtigung Gottes unmittelbar geeint ist. Glaube ist hier eben nicht die Hinnahme der Ergebnisse profaner historischer oder philosophischer Forschung, sondern das Wirken des sich offenbarenden Gottes in uns, insofern er uns gnadenhaft durch das Wort seiner Selbstmitteilung auf sich hinordnet. In diesem Sinn versteht das kirchliche Glaubensbekenntnis die geistgewirkte Entstehung Jesu aus der Jungfrau Maria als von Gott her gewirktes *Ereignis,* wodurch er sich menschlich in die Geschichte einbringt. Dieses aus der Fülle der Macht Gottes gewirkte Ereignis ist die transzendentale Wirklichkeitsbedingung der heilsgeschichtlichen Selbsterschließung Gottes im Menschsein Jesu, der in seiner Lebensgeschichte dieses Ereignis nicht hinter sich läßt, sondern stets aus ihm lebt und von daher auf der Ebene seines menschlich-kreatürlichen Bewußtseins und Willens seine Relation zu Gott als seinem Vater vollzieht und sich in diesem Sinn als dessen Sohn und als dessen geschichtliche Vergegenwärtigung in der Welt weiß und verhält. Darum betont das kirchliche Bekenntnis ein heilsrealistisches Verständnis der gottgewirkten Lebensentstehung Jesu aus der Jungfrau Maria.

2. Zur neueren innertheologischen Problematisierung

Daß im außerchristlichen Raum mit dem Glauben an die Selbstmitteilung Gottes im Menschen Jesus auch die geistgewirkte Empfängnis Jesu in der Jungfrau Maria zurückgewiesen wird, versteht sich von selbst. Erstaunlich ist vielmehr, daß seit der Aufklärung und vor allem seit David Friedrich Strauß die Zahl der Theologen stetig gewachsen ist, die die Historizität der virginitas ante partum in Frage stellen, aber dennoch an der altkirchlichen Trinitätslehre und Christologie und damit an der

Göttlichkeit Jesu, d.h. seiner Gottessohnschaft, festhalten wollen. Wo man eine rein ethische und existentiale Interpretation des Christentums vertritt und damit über eine Adoptionschristologie nicht hinauskommt, muß die Annahme einer natürlichen Zeugung des Menschen Jesus evident erscheinen, denn die Ereignishaftigkeit der virginitas ante partum hängt ganz von der realen Menschwerdung Gottes ab und nicht umgekehrt. Eine theologische Diskussion um die Realität des geistgewirkten Entstehens Jesu hat darum letztlich nur einen Sinn unter der Voraussetzung des christologischen Basissatzes, daß Gott selbst und als Subjekt sich in der Menschheit Jesu eschatologisch geoffenbart hat, was nur einen anderen Ausdruck findet in der Lehre von der hypostatischen Union des göttlichen Logos und der Menschennatur Jesu.

Es lassen sich in etwa fünf verschiedene Argumentationsschienen gegen den Ereignischarakter der virginitas ante partum ausmachen. Sie sind freilich von unterschiedlichem theologischem Gewicht. Im folgenden sollen sie kurz auf ihre Stichhaltigkeit geprüft werden.

2.1. Die Argumentation vom Wert der menschlichen Geschlechtlichkeit her

Das hier auftauchende Problem hängt zusammen mit der augustinischen Theorie der Übertragung der Erbsünde mittels der mit der Zeugung gegebenen selbstbezogenen Lust. Soll Christus ohne die Erbsünde ins menschliche Dasein treten, so bleibt nach dieser Theorie nur die jungfräuliche Empfängnis übrig. Augustinus will allerdings nicht die Tatsache der jungfräulichen Empfängnis begründen, sondern nur einen spekulativen Grund für ihre Konvenienz angeben.[26] Diese Theorie ist trotz ihres oft untergründigen weiten Einflusses allerdings nie offiziell kirchliche Lehre geworden. Mit der Neufassung der Erbsündenlehre bei Anselm von Canterbury und Thomas von Aquin ist sie innerlich schon überholt, wenngleich freilich Thomas neben anderen auch dieses Argument, im Sinn einer Konvenienzargumentation, noch

[26] Vgl. *Augustinus,* De nuptiis et concupiscentia I, 12 (PL 44,421).

heranzieht.[27] Bei den Evangelisten selber sind Gedankengänge in dieser Richtung nicht festzustellen. Es ist also nicht ersichtlich, daß ihre Lehre von hierher geprägt wurde. Die hohe Schätzung des Ideals der Jungfräulichkeit in der Alten Kirche hat gewiß auch zur Entfaltung der Lehre von der Jungfräulichkeit Marias in und nach der Geburt beigetragen und im Zusammenhang mit der augustinischen Erbsündetheorie auch die eheliche Geschlechtlichkeit lange in einem diffusen Licht erscheinen lassen. Dabei darf man die Höherwertung des asketischen Lebensstils im Gewande einer pessimistischen Einschätzung der Geschlechtlichkeit nicht mit der gnostisch-dualistischen metaphysischen Abwertung der Materie verwechseln. Dennoch bleibt es eine Aufgabe für die heutige Theologie, eine schöpfungstheologisch begründete und im Lichte der Erlösung entfaltete Sicht des ehelichen Lebens und der Geschlechtlichkeit zu entwickeln und auf eine entsprechende Spiritualität und geistige Atmosphäre in der Kirche hinzuwirken.

Die Botschaft der Evangelien von der geistgewirkten Lebensentstehung Jesu zielt jedoch in nichts auf die christliche Wertung von Ehe und jungfräulichem Lebensstil. In den Berichten ist an keiner Stelle die Tendenz erkennbar, daß Jesus deshalb aus einer Jungfrau geboren sein müsse, weil ein geschlechtliches Gezeugtwerden durch Mann und Frau seiner Würde nicht entspräche. Der Skopus der Aussage besteht vielmehr darin, daß der einzigartige, mit nichts zu vergleichende und darum einmalige Vorgang der Selbstmitteilung Gottes als Mensch mit der Einzigartigkeit der Lebensentstehung dieses Menschen Jesus verbunden ist. Und dieses Geschehen wird als Ereignis berichtet. Eine später entstandene und für die heutige Theologie notwendige Aufgabe einer richtigen Bewertung der Ehe, der Geschlechtlichkeit und der Ehelosigkeit um des Himmelreiches willen kann dieses Ereignis nicht funktionalisieren wollen, um ein zusätzliches Argument für sich zu gewinnen. Sowenig die Ehelosigkeit um des Himmelreiches willen (vgl. Mt 19,12; 1 Kor 7,25–38) von

---

[27] Vgl. *Thomas von Aquin*, S. th. III q. 31 a. 5 ad 3. Vgl. jedoch S. th. III q. 31 a. 4 ad 4: „In conceptione viri ex femina non est aliquid immundum inquantum est opus Dei."

den christologischen Prologen bei Matthäus und Lukas her begründet werden kann, so wenig kann um einer rechten Wertung christlicher Ehe willen der Ereignischarakter der geistgewirkten Lebensentstehung des Menschen Jesus aus der Jungfrau Maria in Frage gestellt werden.

In einer anderen Hinsicht wird die Frage gestellt, ob man im Anschluß an das Bekenntnis der frühen Christologie zum vollen Menschsein Jesu nicht auch eine natürliche Zeugung Jesu folgern müsse.[28] Das Problem der frühen Christologie kann jedoch nicht nur auf das Bekenntnis zur vollen Gottheit und wahren Menschheit Christi begrenzt werden. Damit, daß man sich zwei vollständige Naturen additiv zusammengefügt denkt, wäre über Christus noch keineswegs das Entscheidende gesagt. Das Problem war vielmehr, wie es möglich ist, daß sich zwei Naturen vereinigen können, ohne daß eine der beiden Naturen um ihr Wesentliches verkürzt wird. Hinsichtlich der Menschheit Jesu sind alle essentiellen Bestimmungen des Menschseins gemeint. Der Akt aber, der dieses Menschsein trägt und wodurch es entsteht, ist nichts anderes als das Leben des Logos, der in der Relation zum Vater steht und dabei Gott selbst ist. Der Logos ist in seinem Menschsein, das er angenommen hat, uns gleich, aber nicht in dem, wie er Mensch geworden ist und wodurch er Mensch ist. Gerade die natürliche Zeugung im Zusammenwirken eines Elternpaares bezeichnet die Zweitursächlichkeit, wodurch der Schöpfungsakt auf den einzelnen Menschen hin verwirklicht wird, in dem auch die kreatürliche Subsistenz des Menschen gegeben ist, durch die er absolut von Gott verschieden bleibt in der Differenz von Geschöpf und Schöpfer. Bei Christus aber ist die Einigung der vollen Gottnatur und Menschennatur dadurch möglich, daß das Menschsein Jesu im Akt der Annahme durch den Logos selbst subsistiert und somit das Menschsein

[28] Zu diesem allerdings schon lange bekannten Problem, daß die kreatürliche Person des Menschen nur durch die determinierte Materie der Vereinigung von männlichem und weiblichem Samen zustande kommen und daß beim Fehlen eines dieser Bestandteile die leibhaftige menschliche Natur nicht hervorgebracht werden könne, vgl. *Thomas von Aquin,* S. th. III q. 28 a.1 ad 5: „Et quamvis virtus naturalis non possit transmutare ad certam formam nisi determinatam materiam, virtus tamen divina, quae est infinita, potest transmutare omnem materiam in quamcumque formam.“

Jesu die volle Selbstaussage Gottes in Zeit und Geschichte hinein sein kann, d. h., daß es in Christus nicht einen doppelten Subsistenzakt gibt, einen göttlichen und einen kreatürlichen. Wenn man von der nizänischen und chalzedonischen Christologie her das volle Menschsein Jesu ins Spiel bringt, um die geistgewirkte Empfängnis Jesu aus der Jungfrau Maria als unvereinbar mit der Lehre von der vollen Menschennatur Jesu Christi aufzuweisen, dann steht eine solche Argumentation nicht nur der Intention der genannten Konzilien entgegen. Ein solches Argument hätte auch die Konsequenz, daß man, von den Konzilien her gesehen, die ihrerseits auf der Basis der Heiligen Schrift stehen wollen, den Evangelien nach Matthäus und Lukas eine falsche oder gar häretische Christologie unterstellen müßte. Dies hieße aber die theologische Argumentation auf den Kopf stellen, wenn man mit Konzilsaussagen die Heilige Schrift auf ihre Rechtgläubigkeit überprüfen wollte. Die geistgewirkte Lebensentstehung Jesu aus der Jungfrau Maria bedeutet also keine Abwertung der menschlichen Geschlechtlichkeit und Zeugungsfähigkeit. Sie zeigt aber die Grenzen des Kreatürlichen auf, aus dessen eigener Mächtigkeit heraus das Ereignis einer Menschwerdung Gottes nicht möglich ist.[29]

2.2. Die Frage nach dem Zusammenhang von Weltbild und Glaubenshermeneutik

Diese Frage nach dem Weltbild, d. h. genauer der Zeugungsbiologie, ist von ungleich größerem Gewicht. Von hierher kommen auch die Einwände, die mit einer breiten Zustimmung rechnen können. Zunächst ist zu sagen: Es bedurfte nicht erst der Einsicht der modernen Genetik, daß die Verschmelzung von männlichem Samen und weiblicher Eizelle die unabdingbare biologische Voraussetzung ist für die Entstehung eines neuen menschlichen Individuums, um die Vorstellung einer jungfräulichen Lebensentstehung beim Menschen unmöglich erscheinen zu las-

[29] Abgesehen von der Frage, ob es überhaupt theologisch legitim ist, die beiden christlichen Lebensstile der Ehe und der Ehelosigkeit um des Himmelreiches willen jeweils zu profilieren im Gegensatz zueinander, ist zu sagen, daß diese Fragestellung mit der Kernfrage der Christologie an sich gar nichts zu tun hat.

sen. Auch in den Mythen der heidnischen Antike geht es niemals um eine Lebensentstehung ohne einen Mann. Wenn dabei eine menschliche Frau von einem Gott befruchtet wird, so wird selbst diese Vorstellung von einem Hieros Gamos nicht in einem wörtlich realistischen Sinn verstanden. Ebensowenig ist im biblischen Weltbild, bei dem das Verhältnis des Menschen zu Gott nicht kosmogonisch-mythisch, sondern schöpfungstheologisch vermittelt gedacht wird, die Entstehung neuer menschlicher Individuen (nach der Grundlegung in der Schöpfung) durch ein unmittelbares Wirken Gottes unter Umgehung der Zweitursächlichkeit menschlicher Zeugung und Fruchtbarkeit ins Auge gefaßt (vgl. Gen 1,28). Die Frage Marias, wie das Empfangen eines Kindes ohne Mann geschehen soll (Lk 1,34), zeigt, daß die frühe Kirche sich dieses Zusammenhangs bewußt war. Der mythologische Verstehensrahmen, der Maria an einen Hieros Gamos hätte denken lassen, steht also nicht hinter diesem Text. So ist es schon die Evidenz gemeinmenschlicher Erfahrung und einer nüchternen Wirklichkeitsbeurteilung, die eine Parthenogenesis beim Menschen ausschließt. Anzumerken ist, daß die Evangelisten ihre Botschaft von der Lebensentstehung Jesu ohne männliches Zutun weder in eine biologische Vorstellung einkleiden noch versuchen, sie mit biologischen Möglichkeitserwägungen zu stützen, etwa durch Heranziehung der antiken Zeugungsbiologie, wonach dem Mann ein Primat in der Zeugung zukommt. Da es jedoch nicht klar ist, ob und inwieweit sie diese Theorie gekannt haben, kann sich die Argumentation nicht darauf stützen.

Entscheidender für die gegenwärtigen Schwierigkeiten ist ein grundsätzlicher Umbruch im Wirklichkeitsverständnis überhaupt. Dabei sind neue Plausibilitätsstrukturen entstanden, die die Akzeptanz der christlichen Glaubensaussagen erheblich erschweren. Dieses trifft ja auch auf andere Glaubensgeheimnisse zu, z.B. die Schöpfung aus dem Nichts, die Wundertaten Gottes im Alten und Neuen Testament, die leibliche Auferstehung Christi und die leibhaftige Auferstehung des Menschen u.a.

Im einzelnen können die Folgen dieses Umbruchs im Wirklichkeitsverständnis für das Selbstverständnis von historischer Wissenschaft, von Physik und Biologie in unserem Zusammenhang auch nicht annähernd entwickelt werden. Für die theologische Methode scheint jedoch die Subjekt-Objekt-Spaltung, die sich aus der Trennung der Welt in Ausdehnung (res extensa) und Denken (res cogitans) bei Descartes ergibt, äußerst folgenreich zu sein. Die ausgedehnte Welt wird in der mechanisch-kausalen Verknüpfung ihrer Aufbauelemente begriffen und in den formallogischen Zusammenhang der mathesis universalis gebracht. Bald nun scheint die meßbare Welt als die Wirklichkeit, weil sie objektiv-empirisch überprüfbar ist. Was sich dieser Art von Verifikation nicht unterziehen läßt, ist nicht objektiv und nicht wirklich. Dies hat auch Folgen für das Geschichtsverständnis. Die aus der Geschichte berichteten Ereignisse erweisen sich nur dann als wahrscheinlich oder glaubhaft, wenn sie der historischen Kritik, der Analogie und der Korrelation gewachsen sind.[30] Nur das, was sich immer ereignet oder ereignen könnte, was wiederholbar ist, erscheint glaubhaft.

Die Frage ist nun, wie man den Gedanken der Transzendenz gewinnt. Wie kann das ganz anders geartete Handeln Gottes unter den Bedingungen unserer wissenschaftlichen Welterfahrung möglich sein, erkannt werden und auf den Begriff gebracht werden? Kann Gott in den geschlossenen, sich kausal selbst genügenden und erklärenden Ablauf der physischen, biologischen und physikalischen Gesetze eingreifen? Wenn man von der Gleichartigkeit allen Geschehens ausgeht, kann man vom gegenwärtigen empirisch-wissenschaftlichen Wirklichkeitsverständnis her die biblischen Nachrichten, daß etwa Gott mit Mose gesprochen hat und daß er Israel wunderbar durch das Rote Meer geführt hat, daß er Mensch geworden ist, daß er Jesus von den Toten auferweckt hat und auch uns zum Leben einmal wiedererwecken wird, nicht einfach mehr als historisch-wissenschaftlich verifizierbar begreifen, weil der Historiker per definitionem nur mit natürlichen, allgemein zugänglichen Phänomenen zu tun hat.

Demgegenüber hat sich die Theologie oft vorschnell auf ein objektivierbares Eingreifen Gottes in den Naturzusammenhang versteift und dies, scheinbar unwiderlegbar, mit dem Hinweis auf die Allmacht Gottes erklärt bzw. die wissenschaftlich noch

[30] Vgl. *E. Troeltsch*, Historische und dogmatische Methode in der Theologie (1898): *ders.*, Gesammelte Schriften II, Aalen 1962, 729–753.

nicht geklärten Phänomene als das Einfallstor der Transzendenz begriffen. Eine weitere Reaktion der Theologie bestand darin, sich mehr und mehr aus der empirisch objektiven Welt, die freilich ein a priori methodisch eingeschränktes Wirklichkeitsfeld darstellt, in eine subjektive Welt zurückzuziehen und die Wahrheiten des Glaubens rational-ethisch oder tiefenpsychologisch-archetypisch zu sichern. Die Theologie meinte, die biblischen Aussagen in ihrer Wahrheit dann retten zu können, wenn sie als Manifestationen einer rational oder affektiv sich auslegenden Beziehung des Menschensubjektes auf ein unzugängliches Absolutum außerhalb der historischen oder physischen Objektwelt interpretiert wurden. Die in der Bibel berichteten Ereignisse werden dann als die Veranschaulichung oder die Deutung existentieller Erfahrung begriffen, wie sie unter den Voraussetzungen des vorwissenschaftlichen Weltbildes und im kulturellen Rahmen der antiken Welt ihren literarischen Niederschlag fanden.

Ohne eine tiefere Reflexion auf die Grundlagen einer solchen hermeneutischen Voraussetzung wird der heutige Christ seine geistige Welthabe als wissenschaftlich dem vorwissenschaftlichen Weltbild entgegensetzen und die biblischen und mythologischen Aussagen der antiken Religionen bloß als die Variationen innerhalb der einen und selben Kategorie des überholten Weltverständnisses begreifen.

Hier müßte aber deutlich werden, daß das Weltbild mehr ist als die exakte, experimentell gesicherte Beschreibung von physischen, biologischen und historischen Zusammenhängen. Die empirischen Einzelwissenschaften erreichen die „Wirklichkeit an sich" nur unter bestimmten Aspekten und Perspektiven. Und auch in ihrer Addition können sie nicht die gesamte Wirklichkeitshabe des menschlichen Verstandes synthetisieren. Sie stehen unter der transzendentalen Voraussetzung des menschlichen Verstandes, der auf die Wirklichkeit als solche ausgreift und darum immer schon über das empirisch Verifizierbare hinaus ist bzw. selbst die reale Möglichkeitsbedingung empirischer Welterfahrung darstellt. Beim umfassenden Wirklichkeitsverständnis geht es vor allem auch um die Grundauffassung der Beziehung des Menschen zu Gott. Die Heilige Schrift hat ein ganz eigenes

Gottesbild, woraus sich auch ein metaphysisch anderes Verständnis des Zusammenhangs von Welt, Geschichte und Mensch in bezug auf Gott ergibt. Hier wird erstmals der Gedanke der Transzendenz Gottes in einem radikalen Tiefgang formuliert, wie es der antiken Mythologie, aber auch der großen Philosophie bei Plato und Aristoteles nicht gelungen ist. Gott steht in Relation zum Universum durch die Vermittlung seiner Schöpfungstat. Die Welt selbst als Ergebnis des Handelns Gottes ist gekennzeichnet durch eine Eigengesetzlichkeit ihrer natürlichen Aufbaufaktoren, in deren Mitte die menschliche personale Freiheit steht. Aufgrund seiner radikalen Transzendenz kann Gott nun auch mit dem Menschen in ein Verhältnis persönlicher Nähe treten. Der Mensch bewegt sich in der Welt nicht nur wie auf einer Bühne: die materielle Welt, in der er lebt, und seine eigene Geistigkeit führen nicht ein Eigenleben ohne innere Verbindung, und der Mensch ist niemals bloß der Spielball der ehernen Gesetzlichkeit materieller Vorgänge. Wenn der Mensch in seinem konkreten Vollzug auch nicht der absolute Herr ist über die Gesetzlichkeiten der Materie, so ist er selbst in seiner Konstitution eine metaphysisch irreduzible Wirklichkeit, in der sich die Materie integriert, oder er ist ein Geist, der so mit der materiellen Weltstruktur vermittelt ist, daß er sich ihre wesentlichen Vollzüge integriert. Er ist darum konkret eine geist-leibliche Existenz. Der geistig-personale Transzendenzbezug des Menschen zu Gott nimmt eine Gestalt an, so daß im Menschen die materielle Welt von Gott angesprochen wird. Und ein Wirken Gottes auf den Menschen hin umfaßt umgekehrt auch immer eine materielle somatische Dimension, außerhalb deren das Menschsein gar nicht existieren kann.

Wenngleich das biblische Wirklichkeitsverständnis in seiner literarischen Darstellung Anleihen beim antiken Weltbild macht, so ist es dennoch vom mythologischen Wirklichkeitsverständnis prinzipiell verschieden, und es kann mit dem empirischen Wissenschaftsideal der Neuzeit relativ leicht verbunden werden im Rahmen einer umfassenden Reflexion auf das, was Wirklichkeit, Geist und Materie heißt. Eine Schwierigkeit entsteht erst, wenn aus dem modernen Wissenschaftsverständnis eine positivistische Philosophie abgeleitet wird. Dabei stellen aber nicht die Ergebnisse der modernen Naturwissenschaft den Glauben in Frage, sondern die von daher abgeleiteten philosophischen Thesen, so daß sich hier nicht Glaube und Naturwissenschaft, sondern zwei grundsätzlich verschiedene philosophische Anschauungsweisen von Wirklichkeit entgegenstehen. Die Grundaussagen des biblischen Wirklichkeitsverständnisses und gerade auch des Handelns Gottes in der menschlichen Geschichte müßten mit einer „Metaphysik des Ereignisses“[31] vermittelt werden. Gott in seiner absoluten Transzendenz ist nicht in einem deistischen Sinn über der Welt oder fern von der Welt. Schöpfung bedeutet zugleich auch eine universale Nähe Gottes zum Ganzen der Welt und zum einzelnen ihrer Aufbaufaktoren und endlichen Kausalitäten. Dieser transzendente Gott bringt sich als er selber dem Menschen nahe - vermittelt in einem geschichtlichen Ereignis, ohne sich auf der Ebene der Empirie objektivierbar zu machen. Dies setzt freilich den Menschen als Adressaten dieses geschichtlich-kreatürlich vermittelten Wirkens Gottes voraus. In seiner Geiststruktur ist der Mensch immer schon „ekstatische Transzendentalität“, die aber nur durch die Vermittlung des Geschichtlich-Ereignishaften zu sich selbst und damit auch zu Gott vermittelt wird. Gott kann dann aber auch dem geschichtlichen Ereignis eine solche Wirkung mitteilen, die über seine natürliche Reichweite hinausgeht und als solche doch nur dem Menschen als geistig-worthaftes Wesen zugänglich wird, der in einem solchen Ereignis den Anruf Gottes selber hört. Dieses Hören ist aber nur möglich, wenn sich Gott in diesem Ereignis dem Menschen durch ein Erkenntnismedium mitteilt, letztlich aber durch sein Wort, in dem er sich dem Menschen vermittelt und zu erkennen gibt. Höhepunkt und unüberbietbare Einheit des geschichtlich-ereignishaften Kommens Gottes zu uns und darin auch das kreatürliche Erkenntnismedium ist Jesus Christus. Durch ihn gibt sich uns Gott zu erkennen und in seinem Geiste geschieht der Grundvollzug unserer Gotteserkenntnis und unserer Hingabe an Gott, was wir den Glauben nennen.

---

[31] Bedeutsame philosophische Vorüberlegungen zu einem neuen Verständnis der Geschichte vom „Ereignis“ her hat *M. Müller,* Existenzphilosophie. Von der Metaphysik zur Metahistorik, hg. v. *A. Halder,* 4. erw. Aufl., Freiburg-München 1986, vorgelegt.

Wo eine solche Metaphysik des Ereignisses noch nicht fundamentaltheologisch rezipiert ist, wird die Theologie immer unter der Voraussetzung der Subjekt-Objekt-Spaltung schwankend bleiben zwischen einerseits einer Naturalisierung, d. h. psychologischen oder historischen Reduktion ihrer Phänomene, und andererseits einem Supranaturalismus, der die Wahrheit der Heilsereignisse nur sichern kann, wenn er sie von der gleichen Qualität wie den Forschungsgegenstand von Physik und Biologie erachtet.

2.3. Die Argumentation von der vergleichenden Religionsgeschichte her

Von vielen wird der religionsgeschichtliche Vergleich, besonders auch im Zusammenhang unserer Fragestellung, allein dazu benutzt, um die Singularität und Originalität der biblisch bezeugten Heilsereignisse als Tatsachen in Frage zu stellen.[32] Dem Hinweis auf Parallelen und ideelle oder literarische Abhängigkeiten liegt die Überzeugung zugrunde, daß die fraglichen Erzählungen in der Bibel ebenso wie in anderen Religionen im Sinne des historisch-wissenschaftlichen Weltbildes der Neuzeit selbstverständlich nicht objektiv wahr sind. Es handelt sich darum, sie kulturell und tiefenpsychologisch als archetypische Muster aus ihrem kul-

---

[32] *F. Pfister,* Die Religion der Griechen und Römer. Mit einer Einführung in die vergleichende Religionswissenschaft, Leipzig 1930, 1–49, bezeichnet allerdings klar die weltanschaulichen Voraussetzungen der vergleichenden Religionswissenschaft. Er versteht es nicht als ihre Aufgabe, den Wahrheitsgehalt der einzelnen Religionen zu prüfen und darüber zu entscheiden, ob sie tatsächlich auf dem Ereignis einer Offenbarung beruht. Die Aufgabe kann nur darin bestehen, den subjektiven Glaubensgehalt, der sich in Mythos und Kult ausdrückt, zu erfassen und auf Verbindungslinien, Zusammenhänge und Abhängigkeiten mit anderen Religionen zu überprüfen. Dennoch besteht leicht die Gefahr, daß diese Linie überschritten wird und die kulturell oder überhaupt menschheitlich bedingten Analogien des religiösen Ausdrucks die Originalität der einzelnen Religionen überspielen oder konkret auch den Ereignischarakter der biblischen Offenbarung in Frage stellen. Denn hier ist Gott nicht in einer massiven kategorial gearteten Weise so in die Welt eingetreten, daß man rein gegenständlich den universalen Anspruch des Christentums fixieren könnte. Maßgebend für eine mythologische Reduktion von Christologie und Mariologie ist *C. Schneider,* Geistesgeschichte des antiken Christentums I, München 1954, 370–412.

turellen Umfeld zu erklären, um bestimmte religiöse Vorstellungen, Hoffnungen, Sehnsüchte und Ideen zur Sprache zu bringen. Dementsprechend ist die biblisch bezeugte Geburt Jesu aus der Jungfrau ein bewußt oder unbewußt aufgegriffenes Stilmittel für die Überzeugung von der Bedeutsamkeit Jesu.[33]

Im einzelnen wird auf die ägyptische Königsideologie verwiesen.[34] Der neue Pharao gilt als „Gottessohn“, weil er durch den Geist-Gott Re-Amun, der sich in der Gestalt des regierenden Königs der jungfräulichen Königin genähert und mit ihr den jungen König gezeugt hat. Amun beauftragt dabei den Schöpfergott

---

[33] Vgl. zum Thema die wichtigsten Arbeiten der religionsgeschichtlichen Schule: *H. Greßmann,* Das Weihnachtsevangelium, Göttingen 1940; *W. Bousset,* Kyrios Christos, Göttingen 1921; *H. Leisegang,* Pneuma Hagion, Leipzig 1932; und besonders auch *E. Norden,* Die Geburt des Kindes. Geschichte einer religiösen Idee, Leipzig 1924. Besonders einflußreich war auch die vielzitierte Arbeit von *M. Dibelius,* Jungfrauensohn und Krippenkind = SHAW.PH 23, Heidelberg 1933, 3–79; so auch *G. Guthknecht,* Das Motiv der Jungfrauengeburt in religionsgeschichtlicher Beleuchtung (Masch. Diss.), Greifswald 1952; vgl. auch *O. Michel – O. Betz,* Von Gott gezeugt: Judentum, Urchristentum, Kirche, FS f. J. Jeremias, hg. v. *W. Eltester,* Berlin 1960, 3–23. Vom historischen Standpunkt setzt sich mit der religionsgeschichtlichen These bezüglich des Glaubensartikels „empfangen vom heiligen Geist, geboren aus der Jungfrau Maria“ auseinander *K. Prümm,* Der christliche Glaube und die altheidnische Welt I, Leipzig 1935, 253–333; *ders.,* Christentum als Neuheitserlebnis. Durchblick durch die christlich-antike Begegnung, Freiburg i. Br. 1939, 145–158. Zur systematischen Fragestellung vgl. *J. R. Geiselmann,* Marienglaube und Marienmythos: Maria in Glaube und Frömmigkeit, hg. v. Bischöflichen Seelsorgeamt Rottenburg, Rottenburg 1954, 39–58; *A. Weiser,* Mythos im Neuen Testament unter Berücksichtigung der Mariologie: Mythos und Glaube, hg. v. *H. J. Brosch* u. *H. Köster,* Essen 1972, 67–88; *M. Schmaus,* Die dogmatische Wertung des Verhältnisses von Mythos und Mariologie: ebd. 109–124; *R. Laurentin,* Foi et mythe en théologie mariale: NRTh 99 (1967) 281–307. Zur Geschichte der Mythosdeutung vgl. neuerdings *K. Hübner,* Die Wahrheit des Mythos, München 1985, 48–92.

[34] Eine Übersicht über die angezogenen ägyptischen, römischen, griechischen und auch jüdischen religionsgeschichtlichen Analogien, Ableitungen und Genealogien vermittelt *J. Gnilka,* Das Matthäusevangelium 1. Teil = HThK I/1, Freiburg–Basel–Wien 1986, 22–33. Als Ergebnis seiner sorgfältigen Untersuchung stellt er fest: „Das alles macht es schwierig, die evangelische Vorstellung von der Erzeugung Jesu aus dem Geist und aus der Jungfrau Maria aus dem Ägyptischen abzuleiten. Bestenfalls wird man sagen, daß das Ägyptische das Verständnis des christlichen Glaubens vorbereiten half. Die wichtigsten Wurzeln des letzteren liegen anderswo“ (ebd. 28), nämlich – so ist hinzuzufügen – in der religionsgeschichtlich unvergleichbaren Problematik der Christologie, d.h. der heilsgeschichtlichen Identität Jahwes mit Jesus. Vgl. auch *E. Nellessen,* Das Kind und seine Mutter = SBS 39, Stuttgart 1969, 97–109.

Chnum, das der Königin verheißene Kind zu schaffen. So ist der Pharao entweder unmittelbar von Gott gezeugt, oder auf ihn werden in einer geistigen Weise göttliche Kräfte und Eigenschaften übertragen. Der Pharao wird so als Sohn der Götter, der aus ihnen hervorging, bezeichnet. Es geht im ganzen um eine politische Legitimation der Pharaonenherrschaft.[35] An eine Selbstverge-

---

[35] Vgl. hierzu *S. Morenz,* Ägyptische Religion = Die Religionen der Menschheit 8, hg. v. *C. M. Schröder,* Stuttgart ^{2}1977, 32–38. Im Sinne der religionsgeschichtlichen Schule folgert allerdings *E. Brunner-Traut,* Die Geburtsgeschichte der Evangelien im Lichte ägyptologischer Forschungen: ZRGG 12 (1960) 97–111, hier 105: „daß nur der ägyptische Geburtsmythos die Wurzel unserer biblischen Geschichte sein kann. Die greifbaren Überlieferer sind Philon und Plutarch, während die graeco-ägyptische Mystik die dogmatischen Formeln vermittelt hat. Die ägyptische Geschichte ist nicht nur Parallele oder Analogon, sie ist Anfang und Ursprung der Geburt Jesu." Interessant ist nicht nur der bedenkenlose Übergang von einer Kann- zu einer Ist-Aussage, sondern vielmehr, daß E. Brunner-Traut dem mythischen nur das naturwissenschaftlich-rationale Denken entgegenzusetzen weiß. Sie glaubt zu wissen, daß der Mythos als eine Art ätherisches Schweben gegenständlicher Vorstellungen und Ahnungen vom Unbedingten näher bei den Göttern ist als die logische Erkenntnis. Aber unter Logik versteht sie nur im Anklang an Kant den Verstand, der den Gegenständen die Bedingungen ihrer Erscheinungen vorschreibt. Daß es auch eine seinsvernehmende Vernunft gibt, die die logische Zuordnung der Ereignisse und ihrer personalen Träger erkennt, und daß die biblische Rede von Gott und personalen Geschöpfen von der Schöpfungsordnung und der Heilsgeschichte her eben nicht mythisch sind, ist a priori in ihrem philosophischen Instrumentarium ausgeschlossen. Das Problem vieler religionsgeschichtlicher Vergleiche besteht oft darin, daß man die christlich-theologischen Aussagen auf pagane Muster zurückführen will und diese paganen Muster vielleicht richtig beschreibt, dafür aber kaum in die eigentlichen theologischen Gedankengänge eingedrungen ist. Bei Matthäus und Lukas ist eindeutig nicht von einem Hieros Gamos die Rede. Von einer geschlechtlichen Tätigkeit Gottes – auch nicht in der subtilsten Form –, welche den männlichen Part einer natürlichen Zeugung übernehmen würde, kann nicht die Rede sein. Der Bezugspunkt unserer Evangelien ist vielmehr der Schöpfungsgedanke. Gott bringt unmittelbar durch seine schöpferische Wirksamkeit die Welt und den Menschen hervor. Gott vermittelt seine schöpferische Tätigkeit der Hervorbringung des neuen Individuums durch die elterliche Zeugung. Gott kann nun aber auch schöpferisch ohne die durch ihn selbst gesetzte elterliche Vermittlung ein menschliches Dasein hervorbringen. Daß Gott dieses tut, mochte zwar beim Judentum faktisch, jedoch keineswegs prinzipiell ausgeschlossen sein. Darum ist bei Parallelen auch nicht in Richtung einer Zeugung zwischen Göttern und Menschen zu suchen. Es ist überdies methodisch äußerst fragwürdig, bestimmte Vorstellungen der ägyptischen Religion mit christlicher Terminologie zu beschreiben, also etwa Trinität und Zwei-Naturen-Lehre, um dann zu folgern, daß die christliche Lehre als die zeitlich spätere kausal von ägyptischen Vorstellungen abhängig sei. Nicht jede Triade von Göttern hat schon etwas mit dem christlichen

genwärtigung Gottes im Sinne des Neuen Testamentes ist nicht einmal andeutungsweise gedacht. Neben diesem Hinweis auf den möglichen Einfluß der ägyptischen Mythologie und Kultur wird gelegentlich auch auf die Mythologie der griechisch-römischen Welt verwiesen, wo gelegentlich von einer geschlechtlichen Begegnung von Göttern mit menschlichen Frauen die Rede ist. Diese Vorstellung ist der Heiligen Schrift in jeder Hinsicht fremd und mit dem biblischen Gottesbegriff in keiner Weise auf eine Ebene zu bringen.

Wichtiger scheint vielmehr ein Hinweis auf die religiösen Vorstellungen des Judentums zur Zeit Jesu zu sein. Aller Wahrscheinlichkeit nach kennt es jedoch faktisch keine unmittelbare Schöpfung eines Menschen ohne die kreatürliche Vermittlung der elterlichen Zeugung.[36] Selbst Jes 7,14 in der Fassung der Septuaginta, wo von der Geburt des verheißenen Kindes aus der Jungfrau die Rede ist, dürfte zur Zeit Jesu nicht in diesem Sinne ausgelegt worden sein. Die genannte Stelle ist im späten Judentum auch kaum messianisch verstanden worden. Erst Mt (1,23)

Verständnis von Trinität zu tun, denn hier geht es nicht um einen politisch oder ideologisch motivierten Ausgleich von Göttern, sondern um die Frage, wie unter Aufrechterhaltung des biblischen Monotheismus wirklich von einer Gottheit Christi, des Mensch gewordenen Logos, und des uns gesendeten Heiligen Geistes die Rede sein kann. Auch hat offensichtlich das Zustandekommen einer göttermenschlichen Mischnatur des Pharao durch die Besonderheit, daß ein Gott an seiner physischen Zeugung beteiligt war, wenig zu tun mit dem Grundproblem der Christologie, die zur Lehre von der hypostatischen Union der göttlichen und der menschlichen Natur in Jesus Christus geführt hat. Methodisch gesehen reicht eine rein assoziative Verknüpfung von Wortprägungen nicht aus, um eine wirkliche Genealogie der Idee in ihrem substantiellen Gehalt zu begründen.

[36] Anders jedoch *K. Schubert,* Die Jungfrauengeburt im Lichte frühjüdischer Quellen: ThG (B) 16 (1973) 193–199; *F. Hahn,* Christologische Hoheitstitel. Ihre Geschichte im frühen Christentum = FRLANT 83, Göttingen [4]1974, 4–308, weist hingegen darauf hin, daß die Zeugung unter Ausschaltung des Mannes der palästinensisch-jüdischen Denkweise völlig fremd war im Unterschied zum hellenistischen Judentum. Daraus gehe hervor, daß die „Jungfrauengeburt“ nicht in die alte palästinensische Tradition hineingehört und darum auch vom späteren Judenchristentum mit aller Entschiedenheit bekämpft wurde. Fraglich ist allerdings, ob die Bezugnahme auf Jes 7,14 LXX unbedingt in den Raum des hellenistischen Judentums weist. Denn der Ursprung dieser Überlieferung ist durchaus mit der Herkunft aus Palästina zu verbinden, da die Bezugnahme auf Jes 7,14 nicht zur ursprünglichen Tradition hinzugehört haben muß, sondern viel eher zur theologischen Verarbeitung in der matthäischen Redaktion gehört.

hat sie im messianischen Sinn aufgegriffen und interpretiert.[37] Der Zielpunkt seiner Interpretation ist allerdings streng christologisch, insofern er Jesus als den Immanuel, den Gott mit uns, begreift und für diese Realität Jesu Christi in der Empfängnis

---

[37] Auf die Diskussion um Jes 7,14 (besonders die Übersetzung „junge Frau" oder „Jungfrau") kann hier nicht im einzelnen eingegangen werden. Vgl. dazu *R. Kilian,* Die Verheißung Immanuels, Jes 7,14 = SBS 35, Stuttgart 1968; *ders.,* Die Geburt des Immanuel aus der Jungfrau Maria. Jes 7,14: *R. Kilian* u.a., Zum Thema Jungfrauengeburt, Stuttgart 1970, 9–39; *H. Haag,* Is 7,14 als alttestamentliche Grundstelle der Lehre von der Virginitas Mariae: *H. J. Brosch* u. *J. Hasenfuß* (Hg.), Jungfrauengeburt gestern und heute, Essen 1969, 137–144; *M. Rehm,* Der königliche Messias im Licht der Immanuel-Weissagungen des Buches Jesaja = ESt.NF I, Kevelaer 1968. Im allgemeinen wird die Bedeutung von Jes 7,14 bei weitem überschätzt, denn es ist sicher, daß die Erzählung von der geistgewirkten Lebensentstehung Jesu aus der Jungfrau Maria nicht von hierher konstruiert wurde, sondern daß im Bemühen, Jesus aus der Kontinuität der Heilsgeschichte heraus zu deuten, seine wunderbare Geburt nun auch als Erfüllung der geheimnisvollen Weissagung bei Jesaja gedeutet wurde. Vgl. hierzu die sorgfältige Untersuchung von *H. Gese,* Natus ex Virgine: *ders.,* Vom Sinai zum Zion, Alttestamentliche Beiträge zur biblischen Theologie = BEvTh 64, München 1984, 130–146, hier 145 f.: „Man muß die Frage stellen, ob die spätestens aus der Mitte des 2. Jahrhunderts v. Chr. stammende griechische Übersetzung von ʿālmā in Jes 7,14 mit παρθένος schon die Vorstellung einer jungfräulichen Messiasgeburt voraussetzt. Diese Frage bleibt aber unbeantwortbar. Septuaginta konnte παρθένος archaisierend wie im frühen Griechisch als ‚junges Mädchen / junge Frau' verstehen ... Davon abgesehen läßt sich der Formulierung des Sohnesverheißungsorakels wenig entnehmen, setzt doch dieses Orakel das Fehlen einer früheren oder gegenwärtigen Schwangerschaft voraus, so daß im Fall einer ʿālmā die Übersetzung παρθένος naheliegt und doch nichts über eine jungfräuliche Geburt ausgesagt wird. Vor der neutestamentlichen Traditionsbildung läßt sich also die Vorstellung einer jungfräulichen Messiasgeburt im Rahmen der biblischen Tradition nicht mit Sicherheit nachweisen. Diese neutestamentliche Traditionsbildung ist selbstverständlich erst nachösterlich ... Eine aus biographischen Gründen entstandene Geburtsgeschichte konnte im Rahmen der neutestamentlichen Traditionsbildung gar nicht aufkommen; hier entstand erst eine Geburtsgeschichte, als man die Geburt als das Heilsereignis, als Evangelium verstand. Die Geburt ist schon das *ganze* Evangelium, auf eine besondere Inthronisation braucht nicht Bezug genommen zu werden. D. h. in diesem Verständnis der Geburt fiel zusammen, was bei Jesaja in so große Nähe zueinander gerückt war: die physische Geburt und die Gottesgeburt zum Sohne Gottes. Damit war die Vorstellung eines *natus ex virgine* erreicht. Das Motiv der Einwohnung Gottes in dieser Welt wurde zur letzten Konsequenz geführt: Das Heilige selbst tritt ein in diese Welt ... Dies war nicht mehr wie bei Jesaja ein Erscheinen der βασιλεία im Verborgenen und auf Zukunft hin, sondern ein Offenbarwerden sub contrario, die Epiphanie Gottes in tiefer menschlicher Armut und Erbärmlichkeit, die Erscheinung des ganz Anderen. Dieser Transzendenzcharakter der Jungfrauengeburt könnte nicht stärker mißverstanden werden als im Sinn doketischer Entleiblichung und Sublimation. Nicht Heraushebung Jesu aus dem Menschlichen ist Sinn dieser Überliefe-

und Geburt aus der Jungfrau das von Gott gegebene Zeichen erkennt. Von einer durch Gottes Geist unmittelbar verursachten Lebensentstehung ist an dieser Stelle jedoch nicht die Rede. Für die These, daß im hellenistisch geprägten Judentum die Vorstellung einer jungfräulichen Empfängnis und Geburt durch Gottes Geistwirken vertraut sei, wird oft Philo von Alexandrien herangezogen. Die wunderbaren Geburten der Patriarchenfrauen, Sara, Rebekka, Lea und Zippora, werden bei Philo darauf zurückgeführt, daß sie durch „göttlichen Samen" schwanger geworden sind. Genau betrachtet handelt es sich bei Philo aber um die allegorische Einkleidung seiner Tugendlehre. Er meint, daß die im übertragenen Sinn jungfräuliche Seele offen ist für das Wirken Gottes. Auch Paulus spricht einmal davon (Gal 4,29), daß der Sohn Saras auf die Weise des Geistes gezeugt sei, während der Sohn der Hagar kraft des Fleisches gezeugt ist. Jedoch versteht Paulus die Zeugung Isaaks, die durch den Geist geschieht, nicht als eine Zeugung ohne menschlichen Vater. Er meint vielmehr eine Zeugung kraft des Geistes der Verheißung (Gal 4,23). Es liegt bei Paulus und bei Philo also nicht das Motiv einer geistgewirkten Lebensentstehung vor, wie es bei Matthäus und Lukas hinsichtlich der Entstehung des Menschen Jesus aus der Jungfrau Maria begegnet. Paulus ist vielmehr an dem Verheißungscharakter der Schrift interessiert, während Philo allegorisch die Klarheit der Seele veranschaulichen will. „Man wird darum in Zweifel ziehen dürfen, ob diese Vorstellungen als solche im Judentum vorhanden waren oder geglaubt wurden."[38]

Insgesamt darf man schließen, daß das in den Evangelien berichtete geschichtliche und doch aus Gottes Transzendenz gewirkte Ereignis sowohl in seinen Einzelelementen als auch im Rahmen des theologischen Wirklichkeitsverständnisses über-

---

rung, sondern das Gegenteil: Hineinsenkung des Heiligen in diese Welt ... In diesem Eschaton aber geht das Heilige selbst in die menschliche Welt ein und ist gegenwärtig in dem, der alle Gottferne überwindet durch seinen Tod. Dieser Offenbarungsprozeß wird mißverstanden als eine sich ablösende Aufeinanderfolge verschiedener Konzeptionen. Vielmehr handelt es sich um eine Vertiefung, um eine Seinsaufweitung und Seinsgründung. Nur im Ganzen ist das Wesen zu greifen."

[38] *J. Gnilka,* Das Matthäusevangelium 1. Teil = HThK I/1, Freiburg–Basel–Wien 1986, 26.

haupt ohne jede echte Parallele in den anderen Religionen ist. Es geht um eine zentrale christologische Aussage, welche die christologische Konzeption und die literarische Verarbeitung der beiden Evangelisten exklusiv bestimmen. Es gab keinen bereitliegenden Mythos oder eine philosophische Idee, die geeignet gewesen wären, die absolute Einmaligkeit des eschatologischen Kommens Gottes in die menschliche Wirklichkeit zu veranschaulichen. Die zahlreichen Hypothesen über eine Abhängigkeit der christologischen Aussage von der geistgewirkten Lebensentstehung aus der Jungfrau Maria bei Matthäus und Lukas bzw. bei den von ihnen vorgefundenen und übernommenen Traditionen sind bisher vage Mutmaßungen geblieben und im strengen Sinne des Wortes historisch nicht bewiesen worden.

Eine beständige Quelle von Fehlinterpretationen beim religionsgeschichtlichen Vergleich liegt in der Übernahme des im 19. Jahrhundert in der Biologie gebildeten Kunstbegriffes der Parthenogenese. Damit werden in der Botanik und in der Zoologie tatsächliche Vorgänge ungeschlechtlicher Zeugung beschrieben. Beim Menschen kommt Parthenogenesis grundsätzlich nicht vor, und wenn sie vorkäme, wäre sie, auf das von den Evangelisten berichtete Ereignis angewendet, in nichts zutreffend. Denn ihnen geht es nicht darum, einen Ausnahmefall von einer biologischen Regel zu behaupten. Da ihre Intention eine ganz andere ist, können die biblischen Berichte durch den Hinweis auf biologische Grenzmöglichkeiten nicht glaubhafter gemacht werden. Es geht ja vielmehr um eine Singularität, die sich aus der einzigartigen Beziehung Jesu zu Gott ergibt; die unvergleichliche Form der Annahme des Menschseins durch Gott aus der Jungfrau Maria ist die Folge[39]; niemals kann diese einzigartige Bezie-

[39] Vgl. zusammenfassend *G. Delling,* Art. παρθένος: ThWNT V, 832–834: „Die Jungfräulichkeit der Maria vor Jesu Geburt (Mt 1,23; Lk 1,27) wird vom NT sichtlich nicht aus asketischen Motiven behauptet ... Die Vorstellung von der jungfräulichen Entstehung Jesu will nicht die eheliche Gemeinschaft herabsetzen; hier geht es nicht um Maria, sondern um Jesus. Sie will nicht den Mann ausschalten, um die Sündlosigkeit Jesu zu begründen. Der Geburtsvorgang ist durchaus nicht seiner Natürlichkeit enthoben; jeder doketische Zug fehlt den Berichten. Weder um den ethischen noch um den physischen Halbgott geht es in den neutestamentlichen Geburtsgeschichten, weder seine Freiheit gegenüber der Sünde noch seine Wunderkraft usw. sollen ‚natürlich-übernatürlich' erklärt wer-

hung als Resultat eines singulären biologischen Vorkommnisses gedacht werden.

2.4. Probleme der systematischen Theologie

2.4.1. Es ist bekannt, daß die Mehrzahl der protestantischen systematischen Theologen seit dem 19. Jahrhundert, von bedeutenden Ausnahmen abgesehen[40], die geistgewirkte Lebensentstehung Jesu aus der Jungfrau Maria als ein konstitutives Element der Christologie ausschaltet. Maßgeblich war die Fragestellung von *D. F. E. Schleiermacher*, ob zum Begriff der Vereinigung der göttlichen und der menschlichen Natur in Christus seine übernatürliche Zeugung aus der Jungfrau hinzugehöre.[41] Schleiermacher sieht zunächst natürlich richtig, daß die Ausschließung der männlichen Tätigkeit bei der Erzeugung Jesu nicht schon das Sein Gottes in Christus begründen könne, daß vielmehr umgekehrt zu fragen sei, ob sich aus der Vereinigung von göttlicher und menschlicher Natur in Christus notwendig die Zeugung aus der Jungfrau Maria allein ergebe. Er betrachtet nun das Problem

---

den; ebensowenig wird der Begriff ‚Sohn Gottes' im übrigen NT damit erklärt ... Mit der Nennung des Geistes wird nicht eine mythische Aussage über eine göttliche Zeugung gemacht; es ist überhaupt nichts von einer mechanischen Einwirkung auf den Leib der Maria gesagt. Vielmehr wird an Gn 1,2 erinnert: Über der gestaltlosen Materie schwebt der Geist Gottes, als das Schöpfungswunder geschieht. Auch bei der Entstehung Jesu handelt es sich um einen neu setzenden Schöpfungsakt Gottes (vgl. die Bezeichnung βίβλος γενέσεως Mt 1,1): Damit soll der Einzigartigkeit Jesu auch vom leiblichen Vorstellungsbereich her Ausdruck gegeben werden. Für die religionsgeschichtliche Ableitung der jungfräulichen Empfängnis der Maria entfällt der Gedanke des ἱερὸς γάμος nach dem Gesagten von vornherein. Für den Palästiner ist es schon deshalb unmöglich, dabei die Rolle des Mannes dem πνεῦμα zu übertragen, weil für ihn ‚Geist' ein Fem ist. Aber auch die angeblich ägyptische Vorstellung von der Fernzeugung eines Kindes ist offenbar keine wirkliche Parallele. Es bleibt nur die alttestamentlich-jüdische Analogie eines reinen Schöpfungswunders, das Gott wirkt (vgl. die unfruchtbaren Frauen des AT; nur handelt es sich bei diesen um die Herstellung der Empfängnis*fähigkeit*, bei Maria um die Empfängnis selbst)."

[40] Am meisten Bedeutung erlangt hat in diesem Sinn der Abschnitt „Das Wunder der Weihnacht" bei *K. Barth*, Die kirchliche Dogmatik I/2, Zollikon 1938, 187–221; vgl. hierzu auch *K. Riesenhuber*, Maria im theologischen Verständnis von Karl Barth und Karl Rahner = QD 60, Freiburg–Basel–Wien 1973, 38–55.

[41] *D. F. E. Schleiermacher*, Der christliche Glaube. Nach den Grundsätzen der evangelischen Kirche im Zusammenhange dargestellt II, §§ 93 u. 97, Berlin 1831, neu hg. v. *M. Redeker*, Berlin 1960, 34–43.58–76.

unter einem zweifachen Gesichtspunkt, indem er zunächst die neutestamentlichen Zeugnisse befragt und sie dann auf ihren dogmatischen Wert prüft. Beim historischen Gesichtspunkt nennt er die klassischen Probleme, daß die Bezeugung der jungfräulichen Empfängnis sich nur isoliert in den Kindheitsgeschichten findet, während an anderen Stellen bei Matthäus und Lukas, ohne daß der Evangelist diese Auffassung korrigierte, Jesus von seinen Landsleuten und Bekannten der Sohn Josefs genannt werde. Außerdem fehle eine Erwähnung bei Paulus und, was noch überraschender sei, bei Johannes, der im Zusammenhang seiner Inkarnationslehre auf dieses Thema hätte zu sprechen kommen müssen. Zudem werde bei Johannes wiederum ohne Korrektur Jesus der Sohn Josefs genannt, einmal von Natanael (Joh 1,45) und dann von den ungläubigen Juden (Joh 6,42, vgl. Mt 13,55; Lk 4,22). Daraus lasse sich schließen, daß die ursprünglichen Jünger Christi keinen besonderen Wert auf diesen Umstand gelegt hätten bzw. daß es keine feste und allgemein anerkannte Überlieferung darüber gegeben habe. Auch die diesbezüglichen Stellen der alten Symbola und der reformatorischen Bekenntnisschriften ließen nicht erkennen, daß die Kirche ein dogmatisches Gewicht auf diesen Bekenntnissatz legt. Christus könne also als Erlöser und Sohn Gottes geglaubt werden, ohne daß die übernatürliche Zeugung als wesensnotwendiger Bestandteil in diesen Glauben aufgenommen werden müsse. Wer diese Erzählungen wörtlich und buchstäblich nehme, füge dem Glauben nur zusätzlich etwas Wunderbares bei und bringe sich in Schwierigkeiten mit der Naturwissenschaft, auf deren Aussageebene der Glaube a priori nicht ansetzen will. Dennoch sei die Vorstellung der jungfräulichen Empfängnis nicht ein dem Glauben in seinem inneren Wesen widerstreitendes Element, was diejenigen zu beweisen suchen, die gekünstelt die Parallelen zu den jüdischen und heidnischen Sagen und einer „übernatürlichen" Empfängnis großer Männer konstruieren.

Die dogmatische Frage ist jedoch, welche Bedeutung diese Aussage für den christlichen Glauben selbst haben kann. Hier bleiben für Schleiermacher nur zwei Elemente übrig, nämlich die Beziehung auf die Erbsünde oder auf die Einpflanzung des Göttlichen in die menschliche Natur. Er will nun zeigen, daß in beiderlei Hinsicht der Glaube an eine übernatürliche Erzeugung Jesu aus der Jungfrau Maria für die Christologie gleichgültig ist. Schleiermacher weiß natürlich, daß hinter dem Gedanken der übernatürlichen Lebenserzeugung Jesu ein tiefer christologischer Gehalt steht. Aber wie ist er näherhin auszulegen?

Die Menschheit, die als ganze von Gott getrennt ist, kann auch in der natürlichen Reproduktion, d.h. in der personbildenden Kraft der menschlichen Natur, welche durch die beiderseitige Geschlechtstätigkeit vermittelt wird, nicht den Erlöser hervorbringen, in dem sich die neue Schöpfung und die Vereinigung von Gott und Mensch darstellt. Deshalb gehört zum Verständnis des Erlösers ein schöpferischer göttlicher Akt, durch den in einem geschichtlichen Einzelmenschen urbildlich für die Menschheit das neue Subjekt des Gottesbewußtseins vollendet wird. Diese von Gott selbst hervorgerufene Kräftigkeit des Gottesbewußtseins in Jesus ist das eigentliche Sein Gottes in Jesus und damit die Erlösung und die Vollendung der menschlichen Natur in ihrer Einheit mit Gott.

Im Sinne seiner Bewußtseinschristologie steht Schleiermacher der herkömmlichen Deutung der Zweinaturenlehre kritisch gegenüber und besonders auch der Subsistenztheorie, wonach die menschliche Natur Christi keine eigene Person hat, sondern in der Person des Logos verwirklicht ist. Im Unterschied zur altkirchlichen Terminologie jedoch bezeichnet bei Schleiermacher „Person" das Selbstbewußtsein, während die Hypostase im alten Sinne den metaphysischen Akt meint, durch den eine menschliche Natur mit Geist, Freiheit und leiblicher Verfassung individuell wirklich wird. Schleiermacher spricht darum von einer Persönlichkeit Christi, die aber vom Anfang ihres Daseins an durch das Hinzutreten der vereinigenden göttlichen Tätigkeit zustande gekommen ist. „Das Menschwerden Gottes im Bewußtsein und das Gebildetwerden der menschlichen Natur zur Persönlichkeit Christi" [42] durch die göttliche Einwirkung auf die menschliche Natur ist darum ein und dasselbe. In diesem Sinn ist die Rede von der überantürlichen Erzeugung Jesu als der göttliche Einfluß auf das entstehende Selbstbewußtsein Jesu und da-

---

[42] Ebd. § 97 (S. 64).

mit auf seine Persönlichkeit zu denken, die das Sein Gottes in Jesus als überragende Exemplarität des Gottesbewußtseins im Menschen begründet. Dies ist mit der natürlichen Unsündlichkeit Christi und der Rede von ihm als der neuen Schöpfung in der Vereinigung des Göttlichen und Menschlichen gemeint, und insofern kann man von einer übernatürlichen Erzeugung Christi sprechen. Eine natürliche Erzeugung Christi wäre hierzu nicht ausreichend, dazu könnte aber auch die Aufhebung des männlichen Prinzips in der Zeugung nicht genügend sein.

Auch durch eine bloße Beschränkung der Zeugung auf den mütterlichen Anteil hätte Christus aus dem Zusammenhang der menschlichen Sündhaftigkeit nicht herausgenommen werden können. Logisch sei hier die Entwicklung der Vorstellung von einer Sündlosigkeit Marias, die aber in der Heiligen Schrift keine Stütze finde; außerdem müßte man die Reihe über Maria hinaus bis an den Anfang der Menschheit verlängern zu einer fortlaufenden Reihe aller ohne Sünde empfangenen und ohne Sünde gebliebenen Mütter. Darum sei auch die Idee einer Aufhebung des männlichen Anteils an der Erzeugung des Erlösers, um Christus aus dem sündigen Zusammenhang der Menschheit herauszunehmen, überflüssig. „Der allgemeine Begriff übernatürlicher Erzeugung bleibt also wesentlich und notwendig, wenn der eigentliche Vorzug des Erlösers unverringert bleiben soll, die nähere Bestimmung desselben aber als Erzeugung ohne männliches Zutun hängt mit den wesentlichen Elementen der eigentümlichen Würde des Erlösers gar nicht zusammen, ist auch an und für sich gar kein Bestandteil der christlichen Lehre.“ [43]

---

[43] Ebd. § 97 (S. 67). – Schleiermacher verwechselt hier jedoch Jungfrauengeburt und Empfängnis Marias ohne Erbsünde. Für Augustinus war die Zeugung Jesu in Maria ohne die Libido des Geschlechtsaktes ein Argument dafür, daß auf Jesus nicht die Erbsünde übertragen wurde. Dazu hätte Maria selbst nicht ohne Erbsünde sein müssen, die sie ja allein nicht übertragen kann. Der spätere Gedanke der Bewahrung Marias selbst vor der Erbsünde, obwohl sie selbst ganz natürlich gezeugt wurde, ist nicht unmittelbar christologisch begründet, sondern kommt aus einer gnadentheologisch-anthropologischen Überlegung. Marias Glaube als Ansatz der Menschwerdung Jesu aus ihr muß selbst noch einmal ein von der Erlösungsgnade getragenes Moment an der Gemeinschaft Gottes mit dem Menschen in Christus sein. Deshalb ist ihr Glaube ganz Werk der Gnade Jesu Christi, und darum tritt sie schon in der Erlösungsgnade ins Leben und in ihre auf Jesus hinzielende Glaubensgeschichte.

Da die Annahme der jungfräulichen Empfängnis für die Grundaussage der Christologie überflüssig sei, so könne allein die positive Bezeugung in der Heiligen Schrift der Grund für die Übernahme dieses an sich überflüssigen Zusatzelementes sein. Das nähere Urteil darüber, ob man diese Lehre im buchstäblichen oder im symbolischen Sinn annimmt, hänge an der persönlichen Beurteilung dieser biblischen Erzählungen. Aber als notwendigen Bestandteil des Glaubens stelle die Schrift diese Lehre nicht dar. Wer diese Lehre nicht im buchstäblichen und geschichtlichen Sinne annimmt, der könne darum dennoch der Lehre von der übernatürlichen Erzeugung Christi treu bleiben. Da ein physiologisch-übernatürliches Verständnis der Erzeugung Jesu aus einer Jungfrau nicht schon das einschließe, was theologisch notwendig von der göttlichen Einwirkung bei der Erzeugung des Erlösers gefordert werden muß, darum sei die Jungfräulichkeit Marias auch kein selbständiger theologischer Topos, von dem aus weitere Folgerungen etwa in Richtung einer bleibenden Jungfräulichkeit auch nach der Geburt abgeleitet werden könnten. Schleiermacher weist darum die Rede von der virginitas Mariae post partum als völlig grundlos ab.

Damit steht aber andererseits auch fest, daß die Geschichtlichkeit des Glaubenswortes Marias als Voraussetzung der Geburt Jesu die Basis jeder mariologischen Fragestellung ist. Der Streit um die Geschichtlichkeit dieser Erzählung ist darum auch eine Auseinandersetzung um das Recht der Mariologie als eines Aspektes, der sich mit innerer Notwendigkeit aus der biblischen und patristischen Christologie ergibt. Wäre Jesus aus einer ganz normalen menschlichen Ehe hervorgegangen, wenn auch im Sinne Schleiermachers mit einem übernatürlichen Einfluß Gottes auf die Bildung seines Selbstbewußtseins als Gottesbewußtsein, ohne daß Maria im Glauben, der durch ein Offenbarungswort gewirkt wurde, von Anfang an einen besonderen Bezug zu diesem Kind gehabt hätte, dann bestünde zwischen Jesus und Maria ein rein biologisch-psychologischer Mutter-Kind-Bezug, der für eine theologische Explikation in Richtung auf die Christologie und Mariologie ohne jeden Belang wäre.

2.4.2. *Paul Althaus* übernimmt im wesentlichen die Argumentation Schleiermachers. Für ihn läßt sich die Geschichtlichkeit des natus ex virgine letztlich ebensowenig beweisen wie widerlegen. Auch die Dogmatik kann durch spekulative Argumente dieses historisch nur dürftig bezeugte Geschehen nicht glaubhafter machen. Er weist auf die Brüchigkeit der Argumente hin, die die Gottessohnschaft Jesu an die Ausschaltung eines irdischen Vaters binden oder als Grund für die Sündlosigkeit Christi ansehen. Zum ersten ist es unmöglich, die menschliche Vaterschaft als eine Konkurrenz zur göttlichen aufzufassen, denn Gott ist nicht der Vater Jesu, weil er sein biologischer Erzeuger wäre, sondern Vater und Sohn sind hier die bildhaften Begriffe für die einzigartige Beziehung zwischen Gott und Jesus. Auch kann die Geburt aus der Jungfrau nicht die Bedingung für die Sündlosigkeit Jesu sein. Denn weder ist die geschlechtliche Lust ein Mittel zur Übertragung der Sünde noch kann mit der katholischen Theologie eine Bewahrung Marias vor der Erbsünde gelehrt werden. Wie immer man aber die Geschichtlichkeit der Erzählungen bei Matthäus und Lukas beurteilen mag, sie enthalten, sei es als geschichtliches Ereignis oder als literarische Figur, ein gottgesetztes Zeichen, das deutlich macht, daß Gott bei Jesu Werden die gewöhnliche Ordnung, in der menschliches Leben entsteht, durchbrochen hat. Jesus durchbricht in seiner Person den sündigen Zusammenhang der Menschheit „in Adam". Es soll gesagt werden, daß hier durch Gottes Wirken der neue Mensch entstanden ist, in dem Gott einen neuen Anfang mit der Menschheit gemacht hat. So ist die Jungfrauengeburt ein Gleichnis, aber nicht eine reale Bedingung der neuen Schöpfung Gottes, und sie ist kein konstitutives Element der Christologie. Darum ist die Geburt Jesu aus der Jungfrau Maria nicht in den Rang einer Heilstatsache zu erheben. Die Kirche kann mit der unterschiedlichen Beurteilung dieser Frage durch die historische Exegese leben. Wer vom Standpunkt historischer Kritik den Ereignischarakter der jungfräulichen Empfängnis ablehnt, kann dennoch mit redlichem Gewissen den entsprechenden Satz des Glaubensbekenntnisses nachsprechen als eine gleichnishafte Fassung der Bedeutung Jesu als des neuen Adam. Denn die Geschichte der frühen Kirche zeigt uns, daß nur ein Teil des Urchristentums offenbar von Jesu vaterloser Zeugung wußte. Damit gehört zur ältesten Verkündigung und Bekenntnisbildung das natus ex Maria virgine nicht hinzu. Hingegen ist die Auferstehung Christi der wesentliche Inhalt der Verkündigung und der Grund des Glaubens. „Es hat nie eine Christusbotschaft gegeben, die nicht Osterbotschaft gewesen wäre, nie einen Christusglauben, der nicht Osterglaube war, wohl aber Christuszeugnis und Christusglauben ohne die Jungfrauengeburt. Was für damals gilt, hat auch heute sein Recht.“ [44]

2.4.3. *Emil Brunner* geht in seiner „Dogmatik“ den umgekehrten Weg. [45] Für ihn sind es zunächst theologische Gründe, die gegen die „Jungfrauengeburt“ sprechen, die dann im zweiten Schritt durch die historische Fragwürdigkeit der Evangelienberichte gestützt werden.

Zu Recht weist er auf die Unterschiedlichkeit des Präexistenz- und Inkarnationsgedankens bei Paulus und Johannes im Verhältnis zur Christologie bei Matthäus und Lukas hin. Der Gedanke der Menschwerdung des ewigen Gottessohnes könne nicht ohne weiteres harmonisiert werden mit der synoptischen Vorstellung von der Entstehung der Person, d.h. des Menschen Jesus aus Maria. Matthäus und Lukas gäben also keineswegs eine genauere Fassung des „Wie“ des Inkarnationsgedankens. Wir hätten es zunächst mit unterschiedlichen Versuchen zu tun, das Geheimnis Jesu Christi zu deuten. Die synoptische Lehre sei darum eine Alternative, ja ein Gegensatz zur Lehre von der ewigen Gottessohnschaft des Logos und seiner Menschwerdung. Wenn Matthäus und Lukas aber tatsächlich von der Erzeugung der Person des Erlösers und nicht von seiner Menschwerdung als ewigen Gottessohn reden, so würde hier eine Christologie vorliegen, die aus grundsätzlichen Erwägungen von der Kirche abgelehnt werden müßte. Eine Kombination dieser beiden Lehranschauungen sei im kirchlichen Bekenntnis erst möglich gewor-

---

[44] *P. Althaus,* Die christliche Wahrheit, Lehrbuch der Dogmatik, Gütersloh [8]1972, 437–443, hier 443.

[45] *E. Brunner,* Dogmatik II. Die christliche Lehre von Schöpfung und Erlösung, Zürich [3]1972, 372–379.

den um den Preis einer Umdeutung der Erzählungen bei Matthäus und bei Lukas, insofern sie den angeblichen Modus der Inkarnation beschreiben sollen. Wenn es also bei Matthäus und Lukas in der Lehre von der jungfräulichen Geburt um die Erzeugung der Person des Erlösers gehen sollte, so könnte man an die Gottheit Jesu im Sinne der ewigen Gottessohnschaft nicht wegen, sondern nur im Gegensatz zur Lehre von der jungfräulichen Geburt glauben. Nach Brunner haben wir es im Grunde mit einem mißlungenen Versuch zu tun, die im Glauben angenommene Gottessohnschaft Jesu zu deuten. Sie komme auch, wie historisch ausweisbar sei, in der Lehre der Apostel nicht vor. Sie gehöre nicht zum ursprünglichen Kerygma der neutestamentlichen Kirche, insofern man sie auf den Kreis der ersten Apostel beschränkt. Aber auch zur Lehre von der wahren Menschheit Jesu sieht Brunner einen erheblichen Widerspruch. Kann ein vaterlos Gezeugter wirklich ein wahrer Mensch sein? Fehlt ihm nicht etwas wesentlich Menschliches, wenn er nicht gezeugt und geboren ist wie alle anderen Menschen auch? So erkennt Brunner in dieser Vorstellung einen doketischen Zug und eine Negativbewertung der geschlechtlichen Zeugung überhaupt, was dem asketischen Denken des Hellenismus eher als dem biblischen Schöpfungsglauben entspreche. Darum habe diese Lehre auch stets der Förderung geschlechtsfeindlicher Strömungen gedient, wie sie auch als Stütze der Marienverehrung herangezogen worden sei, die der Bibel aber vollkommen fremd ist.

Diese theologischen Erwägungen dürfen, wie Brunner sagt, gegenüber dem Wortlaut der Heiligen Schrift deswegen angebracht werden, weil es mit der historischen Glaubwürdigkeit dieser Erzählung, die nur auf Maria persönlich zurückgehen kann, da sie allein es wußte, ob sie ohne Mann Jesus empfangen hat, nicht zum besten bestellt ist. Darum haben auch die theologischen Zweifel ihr Recht. Zwar verbiete sich ein apodiktisches Urteil, daß die ganze matthäische und lukanische Vorgeschichte unhistorisch sei, aber es ließen sich zahlreiche und gewichtige Gründe dagegen vorbringen: die Stammbäume Jesu, die bei ungezwungener Lesart auf einen männlichen Erzeuger hinweisen, das skeptische Verhalten der Familie Jesu ihm gegenüber (Mk 3,21), das Schweigen aller anderen biblischen Zeugen, die wahrscheinliche Einwirkung der falschen Übersetzung von Jes 7,14 in der Septuaginta, die paulinische Formel „geboren aus dem Samen Davids nach dem Fleisch" (Röm 1,3), die Erwähnung dieses Berichtes lediglich in den beiden Vorgeschichten bei Matthäus und Lukas, die insgesamt stark legendarische Züge aufweisen, das Fehlen dieser Überlieferungen bei Markus und bei Johannes. Das alles seien negative Indizien, die es einem gewissenhaften Historiker erschweren, von einer geschichtlichen Glaubwürdigkeit dieser Tradition zu reden. So kann E. Brunner sagen, daß er an die ewige Gottessohnschaft Jesu und an seine Menschwerdung nicht wegen, sondern trotz Mt 1 und Lk 1 glaubt. Dennoch verlangt er für diesen ersten Versuch der frühen Christenheit, das Geheimnis der Person Jesu zu deuten, eine ehrfürchtige Würdigung, denn hier soll, wenn offensichtlich denkerisch auch nicht recht gelungen, gezeigt werden, daß Jesus seine göttliche Autorität nicht durch irgendeine göttliche Inspiration empfangen hat, sondern sie schon in seinem Wesen besitzt. Deshalb setzt sich Brunner in seiner Kritik an der „Jungfrauengeburt" von denen ab, die an die Gottheit Jesu nicht glauben und in die adoptianischen Vorstellungen des theologischen Liberalismus abrutschen.

Bei seiner beachtenswerten Kritik bedenkt Brunner jedoch nicht, wie im Zusammenhang einer synoptischen „Christologie von unten" der Mensch Jesus in einem Sohnesverhältnis zu Gott als seinem Vater gedacht werden kann ohne die Vermittlung des Präexistenz- und Inkarnationsgedankens, wo von dem „Sohn Gottes" im Sinn eines innergöttlichen Verhältnisses gesprochen wird. Diese verschiedenen Ansätze entsprechen durchaus beide dem christologischen Basissatz, daß Gott selbst in Jesus Christus eschatologisch gegenwärtig ist, wenn dies auch in einer erheblich voneinander abweichenden christologischen Grundkonzeption zur Darstellung kommt. Beide Ansätze können sich gegenseitig ergänzen, da sie – auf der Ebene theologischer Reflexion gesprochen – den gleichen Sachverhalt, nämlich die Offenbarungseinheit zwischen Gott und Jesus, zum Ausdruck bringen. Dennoch hat Brunner insoweit Recht, als man nicht ohne weiteres den einen in den anderen Ansatz hinein völlig spannungsfrei auflösen kann.

2.4.4. Auch *Wolfhart Pannenberg* sieht in der „Legende“ von der jungfräulichen Geburt Jesu einen unauflösbaren Widerspruch zur Christologie der Menschwerdung des präexistenten Gottessohnes. Denn im Sinne dieser Legende sei Jesus erst seit der Empfängnis Marias zum Sohn Gottes geworden, während er im Sinne der Präexistenz-Christologie schon ewig als Sohn bei Gott war. Der eigentliche Sinn dieser Erzählung geht gegenüber einer adoptianisch mißverstandenen Geist-Christologie, bei der das Gottessohnsein Jesu erst mit der Taufe im Jordan begonnen hat, dahin, daß Jesus von Anfang seiner Lebensentstehung an schon Gottes Sohn war. Die christologische Entwicklung mußte darüber hinaus aber zu dem Präexistenzgedanken kommen und damit zu einer letzten Verankerung der Gottessohnschaft Jesu in Gott selbst. Die gnadentheologische Auswertung der jungfräulichen Geburt Jesu aus Maria bei Karl Barth im Sinne des bloß empfangenden Menschen weist W. Pannenberg zurück, da diese Intention in der vorliegenden Legende noch gar nicht nachweisbar sei. Eine eigenständige mariologische Auswertung der Stelle finde sich erst bei Justin und Irenäus von Lyon mit der bekannten Eva-Maria-Parallele. Es sei gerade ein Zeichen einer ungebührlichen Verdrängung des Gedankens der Menschheit Jesu, wenn Maria zum Repräsentanten der glaubenden Menschheit Gott gegenüber gemacht werde. Maria könne allenfalls das Symbol für die glaubende Kirche sein, die trotz ihrer inneren Verbindung mit Christus diesem gegenübersteht. Maria sei eben nur ein Symbol des Glaubens. Mariologische Aussagen können darum nach der ihnen selbst innewohnenden Bedeutung nicht wie die christologischen Aussagen Auslegungen eines historischen Geschehens sein wollen. Pannenberg folgert daraus, daß die jungfräuliche Geburt Jesu als ein wunderbares Faktum am Anfang seines irdischen Daseins von der Theologie nicht aufrechtzuerhalten sei. Die Übernahme ins Glaubensbekenntnis erscheint ihm deshalb als äußerst problematisch. „Nur um der doppelten antidoketischen und antiadoptianischen Tendenz der Vorstellung willen ist es für unser heutiges Urteil erträglich, daß die Jungfrauengeburt ihren Platz im gottesdienstlichen Bekenntnis der Kirche hat, obwohl sie als *Theologumenon* aus historischen, aber auch dogmatischen Gründen – wegen des Widerspruchs zur

Präexistenz, den die altkirchliche Theologie offenbar nicht bemerkt hat – nicht als endgültiger Ausdruck der durch sie wahrgenommenen theologischen Anliegen gelten kann ..." [46]

2.4.5. Bei *Edmund Schlink,* der sich der historischen und theologischen Problematik bewußt ist, fällt eine größere Zurückhaltung gegenüber der Kennzeichnung als reiner Legende auf.[47] Geschichtliche Bezüge seien durchaus erkennbar. Gegenüber den zuvor dargestellten Positionen fügt er differenzierend hinzu, daß trotz der fehlenden Bezeugung bei anderen gewichtigen neutestamentlichen Schriftstellern die matthäische und lukanische Erzählung in das endgültige normative Schriftzeugnis wie auch in den lebendigen Glaubensvollzug der Kirche eingegangen sei. Gerade die Glaubensbekenntnisse hätten von Anfang an eindeutig an einem geschichtlichen Verständnis des natus ex Maria virgine festgehalten. Deshalb sei auch der Weg zum ephesinischen Konzil mit der Bezeichnung Marias als Theotokos gerechtfertigt, und im Sinne der altkirchlichen Theologie hätten auch die Reformatoren an der Bezeichnung Marias als Gottesgebärerin und am Glauben an ihre immerwährende Jungfräulichkeit festgehalten.

2.4.6. Die neuere Problematisierung des Themas in der katholischen Dogmatik ist im wesentlichen von der gleichen Fragestellung geprägt, wie sie uns bei den genannten evangelischen Autoren begegnet ist. Es sind hier nicht nur Auswirkungen rationalistischen Denkens, sondern gerade auch die durch die historisch-kritische Exegese aufgegebene Fragestellung nach der Geschichtlichkeit der berichteten Vorkommnisse wie auch die systematischen Fragen nach der Verbindung der Präexistenz- und Inkarnationschristologie mit der synoptischen Pneumachristologie und die Frage nach dem vollen Menschsein Jesu, die diskutiert werden müssen. Angesichts der komplexen Problematik kann das Bekenntnis auch zum somatischen Aspekt der Jungfräulichkeit Marias nicht ohne weiteres zum Kriterium der

[46] *W. Pannenberg,* Grundzüge der Christologie, Gütersloh [6]1982, 140–150, hier 149.
[47] *E. Schlink,* Ökumenische Dogmatik. Grundzüge, Göttingen 1983, 283–288.

Rechtgläubigkeit gemacht werden, da die Skepsis diesem Punkt gegenüber ganz unterschiedliche Wurzeln haben kann. Eine gewisse Entschärfung wird durch den Hinweis auf die Lehre des Zweiten Vatikanums von der Hierarchie der Wahrheiten zu erreichen versucht.[48] Die virginitas ante partum sei zum Beispiel nicht gleichrangig mit der Auferstehung Jesu als Grund und Zentrum des Christusglaubens.[49]

Es kann jedoch nicht um eine rein formale Nebeneinanderstellung dogmatischer Sätze im Sinne der Schuldogmatik gehen, auch nicht um eine rein mechanische Zuordnung der Sätze, die in wichtige und weniger wichtige eingeteilt werden. Das Zweite Vatikanum steuert einen ganz anderen Typ von Theologie an, der den Glauben in seinem organischen Zusammenhang darstellt und dabei jeweils von der Mitte ausgeht und auf sie hinzielt. Dabei zeigt sich, daß die Aussagen über Jesu Verkündigung des Reiches Gottes, sein Kreuz und seine Auferstehung innerhalb der neutestamentlichen Christologie eine andere Funktion haben als die Aussagen über die geistgewirkte Lebensentstehung Jesu aus Maria sowie die Präexistenz- und Inkarnationsaussagen. Bei letzteren geht es um die transzendentalen und realen Möglichkeitsbedingungen des geschichtlichen Heilswirkens Jesu. Sie sind selbst Geschichte, aber in dem Sinn, daß sie als vom transzendenten Gott her gewirkte Ereignisse die Voraussetzungen des heilsgeschichtlich Sich-Ereignenden sind. So kann auch der Hinweis auf die Auferstehung Jesu nur dem gegenüber überzeugend sein, der transzendentes Wirken Gottes nicht prinzipiell leugnet.

Eine andere Frage, die sich von der modernen Dogmenhermeneutik her ergibt, hat Karl Rahner als Alternative formuliert, ob nämlich das gleichbleibende lehramtliche Bekenntnis zur virginitas ante partum seit fast 2000 Jahren einfach nur die Schriftaussage wiedergeben will und die nähere Interpretation der historisch-kritischen Exegese überläßt oder ob das Lehramt damit einen bestimmten umgrenzten Inhalt mitlehrt, unabhängig

[48] Dekret über den Ökumenismus „Unitatis redintegratio" Nr. 11 (LThK.E II, 86ff.).

[49] Vgl. *G. Lohfink,* Gehört die Jungfrauengeburt zur biblischen Heilsbotschaft?: ThQ 159 (1979) 304–306.

von der Frage, wieweit er durch die historische und theologische Fragestellung der Exegese als zwingend erwiesen werden kann.[50] Es ist ja z. B. auch die Frage, ob die konstante Lehre der Kirche von der Einheit des Menschengeschlechtes unbedingt mit der Lehre eines biologischen Monogenismus absolut verbunden ist, den das Lehramt für lange Zeit konstant vorgetragen hat, ohne daß er nach dem heutigen Verständnis zum verbindlichen Inhalt der Lehre von der Einheit der Menschheit vor Gott in Gnade oder Sünde gehören müßte. Allerdings meint Rahner im Falle des natus ex Maria virgine sagen zu müssen: „Es spricht alles dafür und eigentlich nichts dagegen, daß die kirchliche Lehre, das Glaubensbewußtsein der Kirche, diese Jungfrauengeburt absolut lehrt, gleichsam auch auf eigene Rechnung und Gefahr."[51] Hier ergeben sich nun aber die wichtigen Fragen des Zusammenhangs von historischer und theologischer Fragestellung, d. h. des Zusammenhangs des Glaubens, soweit er im ursprünglichen Offenbarungsereignis gründet und insofern er sich als er selbst im lebendigen Glaubensbewußtsein der Kirche ausdrückt und sich reflexiv und definitiv zu sich selber vermittelt.

2.5. Die Problematisierung von der historisch-kritischen Schriftexegese her

2.5.1. Die sich hier stellende Problematik hat für eine theologische Betrachtung inhaltlich und methodisch die größte Rele-

[50] Der Hinweis G. Lohfinks auf die Interpretation von Gen 1 geht an der Sache allerdings etwas vorbei. Denn wenn hier auch zwischen eigentlicher Aussageabsicht und einer erzählenden Veranschaulichung unterschieden wird, so geht es doch gerade nicht um die Leugnung des Faktums der Schöpfung oder gar um die Behauptung, die Schöpfung selbst sei eine bloße Veranschaulichung des Gott-Welt-Verhältnisses. So ist es auch bei den Erzählungen von Matthäus und Lukas. Wenn sie das Heilsereignis selber nicht im Sinne einer Reportage vergegenständlichen können, so wollen sie doch gerade in und mit ihrer Darstellung auf das Ereignis selber verweisen, das allerdings nur im Glauben an das Wort Gottes selber als ein Geschehnis von Gott her aufgenommen werden kann. Was es für einen Sinn haben soll, die virginitas ante partum mit Hinweis auf die volle Menschheit Jesu in Frage zu stellen, sie aber auf der symbolischen Ebene als deren Veranschaulichung und als Ausweis seiner Gottessohnschaft auszugeben, bleibe dahingestellt.

[51] Vgl. *K. Rahner*, Dogmatische Bemerkungen zur Jungfrauengeburt: *R. Kilian* u. a., Zum Thema Jungfrauengeburt, Stuttgart 1970, 138.

vanz. Es geht freilich nicht um den Nachweis der geistgewirkten Empfängnis als *historisches* Faktum. So wie „historisch" unter der Voraussetzung des neuzeitlichen Wissenschaftsbegriffes definiert ist, bedeutet es Zugang zu einer empirischen Realität, in der a priori die transzendente Dimension von Wirklichkeit ausgeschlossen ist, sofern sich – durch sie vermittelt – spezifisches Handeln des transzendenten Gottes vergegenwärtigt. So ist es etwa unmöglich zu sagen, ob Jesus „historisch beweisbar" Wunder gewirkt hat. Empirisch feststellen läßt sich nur ein außerordentliches Wirken Jesu. Ob ihm die Qualität des Wunders zukommt, ist nur theologisch aufzuhellen. Dennoch können die geschichtlich greifbaren Phänomene des Wirkens Jesu aus der theologischen Fragestellung nicht ausgeklammert werden, so daß es hier zur Einheit einer geschichtlich-transzendentalen Betrachtung kommen muß.

Daß nun auch die Entstehung der Menschheit Jesu in Maria unmittelbar von Gott selbst gewirkt war, läßt sich empirisch und historisch prinzipiell nicht ermitteln. Ob Maria Jesus tatsächlich ohne das geschlechtliche Zutun eines Mannes empfangen hat, ist an sich eine historische Fragestellung. Sie ist aus praktischen Gründen historisch jedenfalls nicht mehr zu beweisen oder zu widerlegen. Auf der Ebene historischer Fragestellung könnte nur das persönliche Zeugnis Marias ausschlaggebend sein, aber auch dieses ließe dort, wo es unwiderstreitbar vorläge, noch verschiedene Deutungen oder Mutmaßungen zu. Die historische Fragestellung des Theologen kann darum nur unter dem Gesichtspunkt der Überlieferungsgeschichte der matthäischen und lukanischen Erzähleinheiten ins Spiel gebracht werden. Hat die frühe Gemeinde (oder Teilgemeinden bzw. einzelne Gemeindemitglieder) durch Maria selbst eine beglaubigte Nachricht diesbezüglich erhalten?

2.5.2. Die Schwierigkeiten, die sich vom neutestamentlichen Befund her ergeben, waren verschiedentlich schon erwähnt worden. Kurz gesagt sind es noch einmal diese, daß diese Nachricht im frühen apostolischen Kerygma, besonders bei *Paulus,* nicht vorkommt. Gewiß besteht keine sachliche Spannung zur Aussage, daß Christus dem Fleische nach aus dem Samen Davids stammt (vgl. Röm 1,3), wobei die irdische Existenz Jesu gemeint ist und nicht ausdrücklich eine biologisch-genetische Abstammung Jesu aus Josef ausdrücklich behauptet wird. In der frühen vorpaulinischen Zwei-Stufen-Christologie geht es um eine Gegenüberstellung der irdischen Existenz Jesu und seiner vom Geist gewirkten Erhöhung beim Vater seit seiner Auferstehung, so daß Jesus in diesem Sinn der „Sohn Gottes" ist.[52] Auch die Aussage von dem Geborenwerden des vom Vater gesendeten Sohnes Gottes in seiner irdischen Existenz aus einer Frau (Gal 4,4) will nicht den Lebensstand der Mutter Jesu als Frau im Gegensatz zur Jungfrau angeben, sondern auf die Realität des geschichtlichen Ereignisses in der Fülle der Zeit hinweisen, in dem durch Gottes eschatologische Tat der Sohn Gottes in eine irdisch-menschliche Existenz eingetreten ist.[53] Dies ist übrigens ein bedeutsamer heilsgeschichtlicher Zusammenhang, in dem die Mutter Christi, ohne daß ihr Name Maria genannt wird, vorkommt. Schon aus diesem Grunde ist ihre Erwähnung im Glaubensbekenntnis gerechtfertigt, insofern sie den geschichtlichen und eschatologischen Ereignischarakter der Menschwerdung Gottes verbürgt und bezeichnet.

Dennoch ist die Nichterwähnung der geistgewirkten Empfängnis bei Paulus auffällig. Es ist daraus zu folgern, daß er diese Erzählung entweder überhaupt nicht gekannt hat oder sie für das Christusbekenntnis nicht für erwähnenswert erachtete. Dafür, daß er sich polemisch von ihr absetzte, fehlt allerdings jeder Hinweis. Gegenüber weitreichenden systematischen Folgerungen für die Christologie wird man aber sehr zurückhaltend sein müssen, weil uns der eigentliche Grund, warum die virginitas ante partum bei Paulus nicht vorkommt, einfach nicht bekannt ist.

---

[52] Vgl. *H. Schlier*, Der Römerbrief = HThK VI, Freiburg–Basel–Wien 1977, 23–27.

Zu der Vorstellung, die das Thema der jungfräulichen Empfängnis für eine Rückprojektion der christologischen Sprache hält, die mit der Rolle des Hl. Geistes für die Einsetzung Jesu zum „Sohn Gottes" bei der Auferstehung (vgl. Röm 1,3; Apg 13,32) und bei der Taufe im Jordan zu tun hat, vgl. die Kritik von *R. Schnackenburg*, Rez. Mary in the New Testament, ed. by R. E. Brown et al., Philadelphia – New York 1978: BZ 23 (1979) 297–300.

[53] *F. Mußner*, Der Galaterbrief = HThK IX, Freiburg–Basel–Wien [3]1977, 269 f.

2.5.3. Auffälliger und einer eigenen Fragestellung wert, die von der nach Paulus verschieden ist, erscheint die Nichterwähnung der geistgewirkten Lebensentstehung bei *Johannes.*[54] Er schreibt nach den beiden Evangelisten Matthäus und Lukas, und so könnte die Nichterwähnung der virginitas ante partum als eine Korrektur aufgefaßt werden. Die Bezeichnung Jesu als „Sohn Josefs" (Joh 1,45; 6,42) einmal durch Natanael, dann durch die ungläubigen Juden, ohne daß dies vom Evangelisten korrigiert wird (siehe oben 2.4.1.), ist allerdings zu unspezifisch, als daß man die Aussageabsicht des Evangelisten in Richtung auf eine blutsmäßige Abstammung Jesu von Josef herauslesen müßte. Es geht nur um die namentliche Kennzeichnung Jesu nach Josef, ohne daß hier allerdings ein Anklang in Richtung Pflegevater herauszuhören wäre. Entscheidender für die Fragestellung ist vielmehr, warum Johannes im Prolog bei der Stelle von der Inkarnation des Logos (Joh 1,14) nicht erwähnt, daß dieser das Fleisch ohne die Vermittlung elterlicher Zeugung nur aus einer Jungfrau heraus angenommen habe.

Für eine sachliche Betrachtung scheint der Hinweis angebracht, daß die theologische Konzeption einer „Christologie von oben", die mit dem Inkarnationsgedanken arbeitet, nicht notwendig bei der konkreten Weise der Entstehung der Menschheit Jesu ankommen muß. Wie noch zu zeigen sein wird, gehört der Topos von der virginitas ante partum aber konstitutiv zu einer „Christologie von unten", um die absolute, ohne geschöpfliche Vermittlung gegebene Konstitution des *Menschen* Jesus als „Sohn Gottes" denken zu können. Dem Verfasser des Johannesevangeliums geht es allerdings in erster Linie um die Aussage des Ereignishaften des einzigartigen Vorganges der Fleischwerdung des Logos des ewigen Vaters (vgl. Joh 1,14), nicht um die Veranschaulichung einer Idee. Der Logos, der in der Herrlichkeit beim ewigen Vater war, tritt jetzt in die niedrige Gestalt der irdisch menschlichen Existenz. Die Erwähnung der gottgewirkten Lebensentstehung aus einer Jungfrau würde gewiß den Gedankengang nicht stören. Er ist von der Zielsetzung der Aussage aber auch nicht logisch erfordert.

[54] *R. Schnackenburg,* Das Johannesevangelium 1. Teil = HThK IV/1, Freiburg–Basel–Wien [6]1986, 15–32 (Verhältnis zu den Synoptikern).

Ob bei Johannes mit der Nichterwähnung eine sachliche Kritik an den Synoptikern gegeben ist, hängt von der Frage ab, wieweit zwischen ihm und ihnen eine literarische Abhängigkeit besteht. Wahrscheinlicher dürfte die Annahme sein, daß die Gemeinsamkeiten mit den Synoptikern auf gemeinsame mündliche Traditionen zurückgehen, als daß Johannes sein Evangelium bewußt als Ergänzung oder gar Korrektur von Matthäus und Lukas verstanden hat. Ob ihm die Tradition von der virginitas ante partum bekannt war, dürfte schwer zu entscheiden sein. Daß er sie bewußt ausschloß und kritisierte, läßt sich von dem vorliegenden Evangelium her nicht belegen. Auch die Entgegensetzung einer Geburt entweder aus Gott oder aus dem Willen des Mannes (vgl. Joh 1,13), die für alle Gläubigen gilt, hat nichts mit der Relativierung einer eventuell bekannten „Jungfrauengeburt" zu tun. Gemeint ist eher die Gotteskindschaft, die nicht durch die natürliche Herkunft, sondern durch ein eigenes Handeln Gottes an uns in der Taufe, nämlich in der Wiedergeburt von oben, gewirkt wird (vgl. Joh 3,5). Die später vorkommende singularische Lesart des Verses 13, mit der man die jungfräuliche Lebensentstehung Jesu im Johannesevangelium finden wollte, ist sekundär und trägt zu unserer Fragestellung nichts bei.[55]

2.5.4. Im ganzen gesehen ist die Nichterwähnung der geistgewirkten Empfängnis Jesu aus der Jungfrau Maria bei Paulus, bei Johannes und in der übrigen Briefliteratur des Neuen Testamentes auffällig gerade im Hinblick auf das Gewicht, das die beiden Evangelisten Matthäus und Lukas ihr geben. (Es ist nicht sehr wahrscheinlich – wenn auch nicht prinzipiell auszuschließen –, daß diese Erzählung durch eine unmittelbare Nachricht von Maria oder dem engeren Familienkreis an die früheste Gemeinde weitergegeben worden ist und darum zum allgemeinen geschichtlichen Wissensstand der frühen Christenheit gehört hat.) Wir hätten also mit Paulus und Johannes eine bedeutsame urkirchliche Bekenntnistradition, die ihren Glauben an Jesus als

[55] Vgl. ebd. 240. Zur neueren Diskussion um eine singularische oder pluralische Lesart von Joh 1,13 vgl. *R. Schnackenburg*, Das Johannesevangelium 4. Teil. Ergänzende Auslegungen und Exkurse = HThK IV/4, Freiburg–Basel–Wien 1984, 202.

den Christus gültig zum Ausdruck bringen kann, ohne den Rekurs auf diese Aussage. Auf jeden Fall hat dieser Bekenntnissatz nicht im gleichen Sinne zum frühesten urkirchlichen Kerygma gehört wie Kreuz, Auferstehung und Erhöhung Jesu, des „Sohnes Gottes". So scheint die Vorstellung der geistgewirkten Empfängnis nur das Ergebnis einer sekundären christologischen Reflexion zu sein.[56] Wenn es aber nur Reflexionschristologie sein soll, dann ist zu bedenken, daß die geistgewirkte Empfängnis als kontingentes Ereignis nicht aus einer bloßen theologischen Konstruktion heraus gesichert werden kann.

Dennoch ist zu beachten, daß nach heutiger allgemeiner Auffassung Matthäus und Lukas nicht selber die Urheber eines solchen Christologumenons waren, sondern daß sie diese Tradition, die wohl bis in die fünfziger und sechziger Jahre zurückreicht und in Palästina und in dem von dort her missionierten Syrien verbreitet gewesen sein mag, übernommen und im Sinne ihrer Christologie ausgestaltet haben unter Zuhilfenahme alttestamentlicher Motive und literarischer Gestaltungsformen.

Der Geschichtswert der Erzählungen im einzelnen ergibt sich aus der Untersuchung der Form- und Traditionsgeschichte sowie der redaktionellen Gesamtkomposition. Im einzelnen können die zahlreichen Versuche, Herkunft, Sinn und Reichweite der sogenannten „Kindheitsgeschichten" zu klären, hier nicht näher diskutiert werden (Legende, Midrasch, Haggada, christologische Homologese u. a.).[57]

---

[56] Die Hypothese einer bloßen Reflexionschristologie vertritt *A. Vögtle,* Offene Fragen zur lukanischen Geburts- und Kindheitsgeschichte: *ders.,* Das Evangelium und die Evangelien, Düsseldorf 1971, 52 gegen *H. Schürmann,* Das Lukasevangelium 1. Teil = HThK III/1, Freiburg-Basel-Wien [3]1984, 18–145, bes. 140–145 (zur Traditionsgeschichte von Lukas 1–2).

[57] Vgl. *A. Sand,* Das Evangelium nach Matthäus = RNT, Regensburg 1986, 63: „Die richtige Beobachtung, daß für Mt nicht ein historisches Interesse die Abfassung seines ‚Prologs' bestimmte, veranlaßte viele Exegeten zu der Annahme, in Mt 1 und 2 liege eine besondere literarische Gattung vor, die des Midrash ... Die etymologische Bedeutung dieses Begriffs ist: Deutung, Studium (der Schrift); er gehört zeitlich in die jüdische Periode nach Jamnia, wo ein Midrash vor allem einen ‚Kommentar' zu einem Text der (atl.) Schriften meint. Vor diesem Hintergrund wird sowohl die Bestimmung ‚Kommentar eines Textes' (oder einer biblischen Überlieferung) als auch die Bestimmung ‚Deutung vorgelegter Ereignisse' mit Hilfe atl. Texte der literarischen Eigenart des mt. ‚Prologs' keineswegs gerecht ... Beide Kapitel können nicht als ein Kommentar zu einem atl. Text ange-

Im Kern geht es um folgende Alternative: Wollen uns die Texte zu einem von Gott gewirkten Ereignis hinführen, das im Glauben an Jesus Christus als den absoluten eschatologischen Heilbringer notwendig enthalten ist, oder handelt es sich um ein der religiös-kulturellen Umwelt entlehntes literarisches Interpretament, um die Gestalt Jesu als eines eindrucksvollen Menschen und bedeutsamen Gottesmannes herauszustellen? Letzteres würde bedeuten, daß Jesus in die Reihe der göttlichen Menschen und Heroen gestellt würde, um der Heidenwelt seine Bedeutsamkeit in eben deren Denkmuster zu vermitteln, oder in die Reihe bedeutender alttestamentlicher Patriarchen und Propheten, die auch in einem besonderen Bezug zum Geist Gottes stehen (Überwindung der Unfruchtbarkeit der Eltern, die aber ihr Kind auf natürliche Weise zeugen; Erwählung vom Mutterschoß an), oder es ginge nur um ein Ausstechen des Konkurrenten Johannes des Täufers, indem man die Berufung durch den Geist nicht nur vom Mutterschoß an beginnen läßt, sondern durch eine grundsätzliche Entstehung durch den Geist überbieten will. Handelt es sich

sehen werden. Zwar nimmt das AT gerade auch im ‚Prolog‘ des Mt-Ev. einen großen Raum ein; aber der strukturelle Aufbau und die red. Besonderheiten weisen auf verschiedene Überlieferungen hin, in die Themen und Zitate des AT eingeflochten worden sind. ‚Vorgegeben‘ waren – wenn auch nur in kleinem Umfang – frühchristliche Trad. über die ‚Anfänge‘ Jesu als des Messias; verschiedene atl. Texte und Themen wurden dann herangezogen, um diese Trad. zu bestätigen, ohne jedoch selbst die Basis für diese Überlieferung zu bilden. Damit ist keineswegs gesagt, daß die dem Mt vorgegebenen Stoffe ausschließlich historische Fakten zum Inhalt haben ... Vielmehr sind Kap. 1 und 2 als der schriftliche Niederschlag eines Theologen ... anzusehen, dem einige geschichtliche Aussagen über den Anfang Jesu zugekommen sind, die aber bereits in die Form von Glaubensaussagen eingebettet waren und die dann Mt neu interpretiert hat mit Zuhilfenahme atl. Texte und Motive und vor allem in Auseinandersetzung mit gegenteiligen Meinungen innerhalb und außerhalb seiner Gemeinde. Gerade ein Vergleich mit den aus der Gemeinde von Qumran hervorgegangenen Midrashim macht die literarische, vor allem theologische Andersartigkeit der mt. Darstellungsweise deutlich: Der Erfüllungsgedanke im Kontext der Christologie des ersten Ev ... ist das Spezifikum, das es letztlich unmöglich macht, den Prolog in ein bestimmtes literarisches Genus zu zwängen. Wenn auch die Art der Darstellung dem ‚Midrash‘ stellenweise nahekommt, so geht es dennoch nicht an, die midrashartige Darstellung bei Mt als freie (und frei erfundene) Bearbeitung vorgegebenen Materials zu bewerten ...“ Auch *J. Gnilka,* Das Matthäusevangelium 1. Teil = HThK I/1, Freiburg–Basel–Wien 1986, 60–62, hier 62, lehnt die Festlegung des literarischen Genus etwa von Matthäus 2 als Midrasch ab: „Was die Haggada von Mt 2 trennt, ist die eschatologische Dimension des Evangeliums.“

aber nicht nur um Reflexionschristologie, die mit interpretativen Mustern ohne geschichtlichen Wert arbeitet, sondern um ein heilsgeschichtliches Ereignis von Gott her, dann ist zu fragen, welche Struktur es hat und wie es in seiner Unterschiedenheit von den der natürlichen historisch-empirischen Forschung zugänglichen Ereignissen erfaßt werden kann.

3. Die Aussageintention des christologischen Prologs bei Matthäus und Lukas

Diese ergibt sich durch ihren Anschluß an die literarische Gattung des Evangeliums bei Markus, der mit einem Bekenntnis zu Jesus als dem Sohn Gottes einsetzt und die heilswirksame Tätigkeit Jesu von der Jordantaufe bis zu Kreuz und Auferstehung hin darstellt. Die innere Mitte Jesu ist bei Markus seine einzigartige Beziehung zu Gott in der für die Christologie so wichtigen Grundfigur der Abba-Relation (vgl. Mk 1,1; 1,11; 9,7; 14,36; 14,61 f.; 15,39). Matthäus und Lukas wollen von diesem Ansatz einer Christologie von unten, wo das Sein Jesu als „Sohn Gottes" nicht von der Präexistenz oder von der Inkarnation her gedeutet wird, sondern die Gegenwart Gottes im Menschen Jesus bezeichnet, die letzte Grundlage des geschichtlichen Wirkens Jesu zur Sprache bringen. Es geht ihnen an keiner Stelle um eine romantische Verklärung der „Kindheit" Jesu. Vielmehr wollen sie im Sinne hochreflektierter Christologie Jesu Wesen klären und von daher seine geschichtliche Wirkung und seine Bedeutung für den Glauben erläutern.

Insgesamt kann man den in seinen Einzelelementen unterschiedlich zu bewertenden Erzählungskranz als ein christologisches Präludium begreifen, in dem die wichtigsten Motive des Christusglaubens schon anklingen (Verhältnis zu Gott, die Vergegenwärtigung der Nähe Gottes als Immanuel, die in ihm geschehende Vergebung der Sünden und die neue Grundlegung der Gemeinschaft der Menschen mit Gott, seine universale Sendung zu Juden und Heiden und seine Verbindung mit der heilsgeschichtlichen Verheißung aus dem Alten Bund als Sohn Davids und als Sohn Abrahams u. a.). Trotz großer Unterschiede im einzelnen und in der theologischen Komposition stimmen beide Evangelisten in einer Reihe wichtiger Aussagen überein: davidische Abstammung, das angelobte Paar Josef und Maria, die Lebensentstehung Jesu durch Gottes heiligen Geist, nicht vermittels elterlicher Zeugung, sondern durch die Jungfrau Maria alleine, die Verkündigung des heilsbedeutsamen Namens Jesu durch den Offenbarungsengel, dann die Geburt Jesu in Betlehem unter Herodes und die Wohnung von Jesus, Maria und Josef in Nazaret. Diese erstaunlichen Übereinstimmungen weisen auf eine feste frühchristliche Tradition hin, die mit dem engeren Familienkreis Jesu in Verbindung gebracht werden muß. Darum kann es sich bei den vorliegenden Erzählungen nicht lediglich um midraschartige Reflexion oder um fromme theologische Dichtung handeln, nur um vorweggegebene theologische Ideen zu erläutern. Auch kann die Bezugnahme von Mt 1,23 auf Jes 7,14 LXX nicht als eine willkürliche Konstruktion der Botschaft von der jungfräulichen Empfängnis Jesu gedeutet werden, denn offenbar fand Matthäus die Tradition von der virginitas ante partum in seinen Gemeinden schon vor, während die Deutung von Jes 7,14 auf Christus und Maria im Sinne einer Erfüllung der Verheißung auf sein exegetisches Konto geht. Ob die Traditionen, auf die Matthäus und Lukas zurückgriffen, selber schon zu einer voll reflektierten Christologie ausgeformt waren oder noch ohne diese Ausformung zunächst nur absichtslose Erzählung von Begebenheiten, läßt sich schwer entscheiden. Insofern führt eine rein historische Fragestellung nur bis an diese Quellen heran, ohne daß noch einmal die Brücke von diesen Quellen zum berichteten Ereignis selber hin geschlagen werden kann. Es ist aber festzuhalten, daß die von Matthäus und Lukas aufgegriffene Erzählung der geistgewirkten Lebensentstehung aus der Jungfrau Maria eindeutig als ein gottgewirktes Ereignis verstanden wurde und daß sie es als solches in ihre christologische Reflexion aufnahmen und der Gemeinde als Evangelium vorstellten.[58]

[58] Vgl. *J. Ernst,* Das Evangelium nach Lukas = RNT, Regensburg 1977, 75: „Im Mittelpunkt der Verkündigungserzählung steht die Aussage von der geistgewirkten Lebensentstehung Jesu. Es ist nicht zu bestreiten, daß er sich für Lk, der den Text in der jetzt vorliegenden Gestalt verantwortet, um einen biologischen Sachverhalt handelt. Alle Versuche, die jungfräuliche Empfängnis nur als christologi-

Indem die Kirche auf die Gesamtheit der neutestamentlichen Schriften zurückgreift, bekennt sie in ihrem Glauben, daß die virginitas ante partum, wenn sie auch im historischen Sinne nicht ein Einzelelement im frühesten apostolischen Kerygma war, dennoch einen unabtrennbaren Bestandteil des Evangeliums der Urkirche bildet. Dabei ist Urkirche nicht nur ein historischer Begriff, der sich einfach chronologisch an einem Sterbedatum der „Zwölf Apostel" festmachen läßt. Es ist vielmehr im wesentlichen Sinn ein theologischer Begriff, der die gesamte urkirchliche Entwicklung in ihren verschiedenen Phasen, auch in die zweite und dritte Generation hinein, umfaßt, welche von der späteren Kirche im Rückblick als die normative Grundlage ihres Bekenntnisses aufgefaßt wird. Sie deckt sich im ganzen mit der durch die neutestamentlichen Schriften repräsentierten ersten, aber grundlegenden Periode der Geschichte der Kirche (vgl. etwa Eph 2,20; 1 Tim 6,20).

Wie kann nun der genauere Sinn des christologischen Prologs der beiden Evangelien umschrieben werden? Die Evangelisten sind schon vor der Konzeption ihres Evangeliums von der funda-

---

sches Interpretament zu verstehen, widersprechen eindeutig den Aussageabsichten des Autors. ... Wenn im Sinne des Redaktors in der rhetorischen Frage V. 34 die Mitwirkung eines Mannes ausdrücklich ausgeschlossen wird, verbietet sich logischerweise die Annahme, es handele sich lediglich um das nicht objektivierbare Geschehen der Zeugung aus heiligem Odem, das auf der Ebene des Historisch-Vorfindlichen keinerlei Ansatzpunkte haben solle. Die geschichtlich-übergeschichtliche Dimension der Gottessohnschaft Jesu soll ja gerade durch die behauptete jungfräuliche Empfängnis gestützt werden. Sosehr es richtig ist, daß eine ‚einseitig die historische und biologische Seite der Frage betonende(n) Deutung' (G. Schneider, Anfragen [an das Neue Testament, Essen 1971], 101) dem biblischen Text nicht gerecht wird, so wird man andererseits auch nicht übersehen dürfen, daß für den Autor die Faktizität ein Wesenselement der Aussage ist (vgl. auch H. Schürmann, Die geistgewirkte Lebensentstehung Jesu, in: [Einheit in Vielfalt] Festschrift H. Aufderbeck [= EThSt 32, hg. v. W. Ernst u. K. Feiereis], Leipzig 1974, 158; J. A. Fitzmyer, The Virginal Conception of Jesus in the New Testament, in: TS 34, 1973, 568, verkennt diese klare Aussagerichtung, wenn er die Frage lediglich auf ‚the further angelic communication about the real character of the child to be born' abzielen läßt). ‚Daß der antike Mensch die Diskrepanz, die wir heute zwischen einem ‚Theologumenon' und dem historischen (hier biologischen) Faktum spüren, vermutlich gar nicht empfunden habe' (A. Vögtle, Offene Fragen [zur lukanischen Geburts- und Kindheitsgeschichte: ders., Das Evangelium und die Evangelien, Düsseldorf 1971], 53), ist eine immer wieder aufgestellte, aber durchaus nicht bewiesene Behauptung."

mentalen Bedeutung Jesu für unser Gottesverhältnis überzeugt. Sie begreifen ihn als das eschatologische Wort Gottes über das Dasein aller Menschen. Bevor sie im Anschluß an die ihnen schon vorliegenden Quellen ihr Glaubensbekenntnis in christologischer Perspektive entfalten, versuchen sie eine Verdeutlichung von Jesu heils- und weltgeschichtlicher Bedeutung, und zwar durch die Stammbäume[59], die seine Verwurzelung in der alttestamentlichen Heilsgeschichte und seine heilsentscheidende Funktion für Juden und Heiden belegen. Es ist klar, daß sie dabei nicht einfach eine Reportage empirisch-gegenständlich faßbarer Begebenheiten geben wollen. Von ihrem schon zuvor geklärten Bekenntnis zu Jesus werden vielmehr die ihnen vorliegenden Erzählungen so geformt, daß von Christus selbst her der tiefere Sinn dieser Geschichten aufleuchten kann. Diese sind im einzelnen freilich von unterschiedlichem Gewicht.

Das wichtigste und entscheidende Einzelelement, um das sich in den christologischen Prologen alles andere gruppiert und auf das alles hinzielt, ist ohne jeden Zweifel die Aussage über die geistgewirkte Lebensentstehung aus der Jungfrau Maria. Denn hier handelt es sich um die Beschreibung der fundamentalen Relation Jesu zu Gott, woraus sich eine Wesensaussage für Jesus ergibt. Dazu gehört auch die Geburt in der der so entstandene Christus als Herr und Erlöser vor der Welt offenbar wird. Die Evangelisten wollen hier allerdings nicht irgendeinen charakteristischen Zug an Jesus nur illustrieren, der eben auch unabhängig von dieser Illustration bestehen würde. Sie wollen vielmehr den realen Grund der Offenbarungseinheit Jesu mit Gott zum Ausdruck bringen. Ihnen liegt offensichtlich alles daran, den Ereignischarakter jenes Geschehens zu betonen, durch das die einzigartige Einheit von Jesus und Gott in der Geschichte bewirkt worden ist. Sie reflektieren nicht in einem naturphilosophischen Sinn oder in einer wissenschaftlich-empirischen Fragestellung auf eine isoliert gedachte biologische Möglichkeit dieses Geschehens.

---

[59] Zu den Stammbäumen und vor allem zur sekundären und singulären Lesart des Kodex Syro-Sinaiticus, wo es heißt: „Joseph, mit dem die Jungfrau Maria verlobt war, zeugte Jesus, der Christus heißt", vgl. *J. Gnilka,* Das Matthäusevangelium 1. Teil = HThK I/1, Freiburg–Basel–Wien 1986, 11.

Da es sich nicht um ein Geschehen im natürlichen Ursache-Wirkungs-Zusammenhang handelt, ist dieses Ereignis auch nicht ohne weiteres kategorialisierbar und adäquat in menschlicher Sprache zum Ausdruck zu bringen. Die Evangelisten verweisen allein auf die universale Kausalität des schöpferischen Handelns, das die Potentialitäten geschaffener Kausalität nicht ausschaltet und beiseite schiebt, sondern im Sinne des Wirkens Gottes überbietet (vgl. Lk 1,37). Die Evangelisten verkünden dieses Geschehen als ein vom transzendenten Gott her ergehendes Ereignis, das in der Welt Wirklichkeit wird. Seine innere Wahrheit und Struktur ist aber nur durch Gottes Wort zu erhellen (Offenbarungsengel). Zugänglich wird es im Glauben, der eine personale Relation zu Gott stiftet und in dem die Erkenntnismöglichkeiten des Menschen, die adäquat auf die materielle Welt in ihrem Wirklichsein bezogen sind, über sich hinausgehoben werden, um in ihrer transzendentalen Relation von der Ereignishaftigkeit des Wortes Gottes vollendet zu werden. Die Kernaussage lautet: Der Mensch Jesus entstammt nicht natürlicher elterlicher Zeugung, soweit sie als kreatürlich-vermittelnde Ursache den Menschen in die Subsistenz seiner individuellen geistig-materiellen Natur überführt. Die Einzigartigkeit des Menschseins Jesu besteht darin, daß es ganz ausschließlich im Wirken Gottes gründet, nämlich seines sich selbst mitteilenden Geistes und seiner sich in der Welt offenbarenden Kraft (Mt 1,18.20; Lk 1,34; 3,23).

Mit Geist und Kraft Gottes ist hier allerdings nicht die dritte Person der Trinität gemeint. Die Stelle Lk 1,35: „Der heilige Geist wird über dich kommen und die Kraft des Höchsten wird dich überschatten. Deshalb wird auch das Kind heilig und Sohn Gottes genannt werden", zeigt vielmehr Anklänge an das Schöpfungsgeschehen Gottes im Wort und Geist (Gen 1,2) und dann an das Symbol der Offenbarungsgegenwart Gottes in der überschattenden Wolke (vgl. Ex 16,10; 34,5; Dtn 11,25; 3 Kön 8,10; Jer 4,13; Mt 17,5). Abwegig ist es daher, vom heiligen Geist als dem biologisch-genetischen Vater Jesu zu sprechen, wie es auch nicht angeht, innerhalb der innertrinitarischen Relationen von einer Vaterrelation des Geistes zu Jesus zu sprechen. Auch das Wort „überschatten" hat nicht im mindesten mit einem geschlechtlichen Tun Gottes, wenn auch noch so subtiler Art, zu tun. Gott heißt nicht der Vater Jesu im Sinne einer geschlechtlichen Zeugung oder einer mysteriösen Befruchtung mit einem göttlich-übernatürlichen, aber doch subtil materiell gedachten Samen. Auch der Hinweis auf Psalm 2,7: „Mein Sohn bist du, heute habe ich dich gezeugt" (vgl. Hebr 1,5; 5,5; Apg 13,33), auf den in den Evangelien in diesem Zusammenhang nicht einmal angespielt wird, kann nicht überzeugen, weil er schon im Alten Testament im Sinne einer Adoption des Königs zu Gott in einer Art Sohnesverhältnis verstanden wurde, allerdings auch dort ohne alle Anklänge an eine sexuelle und physiologische Zeugung. Es geht in unserer Erzählung vielmehr um das schöpferische heilsbegründende Wirken des transzendenten Gottes, der sich im Menschen Jesus als das Heil aller nahebringt.

Dieses schöpferische Wirken Gottes ist in sich nicht kategorialisierbar und darum auch „historisch" und „empirisch" nicht zu verifizieren. Es ist nur zugänglich in dem Ereignis selber, in dem Gott sich worthaft nahebringt, wenn dies auch noch einmal im menschlichen Wort und Verständnis vermittelt werden muß. Will man dies aber deshalb als eine „bloße" Reflexionschristologie verstehen, weil es historisch nicht verifizierbar ist, so müßte man dies auch für den Präexistenz- und den Inkarnationsgedanken tun, letztlich auch für den Schöpfungsgedanken und Gottes Heilswirken in der Welt überhaupt und schließlich für die Existenz Gottes selbst.

Der letzte Grund für die über alle immanenten Möglichkeiten von Gottes Schöpfung hinausgehende Lebensentstehung Jesu ist die Offenbarungseinheit Jesu mit Gott. Er heißt darum „heilig und Sohn Gottes". Der Titel *Sohn Gottes* erscheint hier als ein auch sonst im Neuen Testament auftauchender zentraler Würdenamen Jesu. Dieser Titel hat schon vom Alten Testament her eine religiöse Bedeutung und beschreibt die Beziehung des Volkes Israel als Gesamtheit zu Gott (vgl. Ex 4,22; Deut 32,6.18; Jes 63,16; 64,7; Jer 31,9.20; Hos 11,1; Mal 1,6; 2,10) oder auch des Königs (2 Sam 7,14; Ps 89,27) bzw. des Messias (Ps 2,7; Ps 110,3). Späterhin kann auch der fromme Jude in einem persönlichen Sinn Gott als seinen Vater ansprechen (Sir 23,1; 51,10; Weish 2,6). Die Bedeutung des Sohnestitels für Jesus kann jedoch nicht kontinuierlich aus dieser Linie abgeleitet werden: Jesus versteht Gott als seinen Vater in einem exklusiven Sinn. Die genauere Bedeutung muß daher von der Wirklichkeit Jesu her eruiert werden. Falsch wäre es, aus dem Begriff Sohn Gottes, der an sich eine vielfältige Bedeutung haben kann, die Wirklichkeit Christi herauszukonstruieren. Die Relation von Vater und Sohn hat, wie die religionsgeschichtliche Verbreitung zeigt, schon einen natürlichen Symbolgehalt. Entscheidend ist nun aber, welcher der vielen Aspekte als Analogatum herausgegriffen wird, um die Gottesbeziehung eines Menschen zu verdeutlichen.

Schon innerhalb des Neuen Testamentes hat der Sohnestitel unterschiedliche Bedeutungen. In der Präexistenz- und Inkarnationschristologie bezeichnet er ein innergöttliches Verhältnis im Sinne einer Ursprungsrelation und einer Wesensgleichheit. Bei den Synoptikern ist das Analogatum der Aussage nicht von einer geschlechtlichen Zeugung her genommen, wie schon wiederholt deutlich gemacht wurde. Das Analogatum besteht vielmehr darin, daß *im Sohn der Vater repräsentiert* werden kann. Weil Gott sich in einem schöpferischen und heilsvermittelnden Tun in der Welt vergegenwärtigt – ein Handeln, das mit keiner kreatürlichen Tätigkeit zu vergleichen ist –, insofern er sich dazu die Menschheit Jesu erschaffend zu eigen nimmt, kann der Mensch Jesus, der ganz durch Gott existiert, auch der Repräsentant Gottes in der Welt sein.[60] In analoger Sprechweise wird diese Bezie-

---

[60] Zu leicht macht es sich *R. Pesch,* Gegen die doppelte Wahrheit. Karl Rahner und die Bibelwissenschaft: Vor dem Geheimnis Gottes den Menschen verstehen. Karl Rahner zum 80. Geburtstag, hg. v. *K. Lehmann,* München-Zürich [2]1984, 10–36, hier Anm. 38, wenn er mit H. v. Campenhausen das schon von Tertullian, Ambrosius, Augustinus, Johannes Chrysostomos und neuerdings H. U. von Balthasar und J. Ratzinger geäußerte Argument, Jesus könne nicht zwei Väter gehabt haben, als unbewiesen abtut. Gewiß heißt Jesus seinem Menschsein nach nicht „Sohn Gottes", weil er etwa von Gott in geschlechtlichem Zusammenwirken mit einem Menschen gezeugt worden wäre. Die Sohnschaft des Menschen Jesus gründet in der Teilhabe am Sohnsein des göttlichen Logos bzw. ihrer unmittelbaren Entstehung im eschatologischen Selbstmitteilungswillen Gottes. Jesus heißt darum im analogen Sinn Gottes „Sohn". Das tertium comparationis liegt darin, daß der Begriff „Sohn" die volle Repräsentation Gottes eben als seines „Vaters" meint.

Das Menschsein Jesu entsteht nicht durch geschlechtliche Zeugung, sondern durch den Willen Gottes zu seiner Selbstaussage im Menschen Jesus. Somit ist Gott auch der Urheber und „Vater" des Menschen Jesus, jedoch nicht im Sinne

hungsrealität in die Aussagerelation „Vater – Sohn“ gebracht, ohne daß es berechtigt wäre, von den verschiedenen Implikationen einer menschlichen Vater-Sohn-Beziehung her nun das Gottesbild zu „konstruieren“. Der Mensch Jesus ist nicht ein in einen

---

geschlechtlicher Zeugung. Gott begründet das menschliche Dasein Jesu, in dem er sich eschatologisch in der Welt vergegenwärtigt, durch die Annahme, so daß der Mensch Jesus unmittelbar durch Gott realisiert ist. Jesus erfaßt sein Dasein auf der Ebene seines Selbstbewußtseins in Erkenntnis und Willen in der relationalen Einheit mit Gott. So kann er ihn „seinen“ Gott und Vater nennen, wie dies keinem andern Menschen zukommt.

Wenn nun aber alle Glaubenden Gott ihren Schöpfer und Vater nennen dürfen, dann ist dies kreatürlich vermittelt durch ihr Gezeugtsein von einem Elternpaar. Sie existieren nicht unmittelbar durch den Akt, in dem Gott Gott ist, sondern durch das von Gott verschiedene Sein, welches hinsichtlich der Entstehung eines menschlichen Individuums durch einen geschlechtlichen Zeugungsakt eines menschlichen Elternpaares vermittelt wird. Da Gott aber das Menschsein Jesu, das uns konnatural sein muß, aus dem Ja-Wort Marias in der geist-leiblichen Einheit ihres personal zu bestimmenden Frauseins annimmt, ist Maria in Wahrheit die Mutter der Person Jesu, d. h. des Logos, der aus Maria das Menschsein annahm. Doch ist sie nicht Mutter, d. h. Entstehungsprinzip des Logos in seiner Gottnatur. Mutter Jesu wurde Maria aber nicht durch geschlechtliche Zeugung, sondern durch ihr Ja-Wort zum Selbstmitteilungswillen Gottes, der aus den reinen Möglichkeiten ihres Frauseins durch sein schöpferisches Wort seiner eschatologischen Selbstmitteilung die Frucht ihres Leibes, nämlich Jesus, entstehen ließ. Darum besteht die Menschheit Jesu nicht in einem geschöpflichen Subsistenzakt, der in der geschlechtlichen Zeugung gegeben ist, sondern in der Unmittelbarkeit des mit Gottes Wesen identischen Offenbarungswortes, das die aus Marias Leib angenommene Menschheit Jesu begründet und dauernd trägt. Somit ist Gott auch der unmittelbare Urheber der Menschheit Jesu, und Jesus hat das einzigartige Verhältnis zu ihm als seinem „Vater“ (Abba-Relation). Maria ist die Mutter Jesu nicht der geschlechtlichen Zeugung nach, sondern durch Zustimmung zur Annahme und Entwicklung des Menschseins Gottes aus ihr (Schwangerschaft, Geburt, Erziehung).

Der Begriff der Mutterschaft Marias darf nicht aus einem apriorischen Begriff heraus in seinen Einzelbestimmungen deduziert, muß vielmehr von der christologischen Realität her entwickelt werden. Gewiß gehört zur Personentstehung bei jedem Menschen außer Christus die geschlechtliche Zeugung durch ein menschliches Elternpaar – eben als die konkrete Vermittlung des Schöpfungswillens Gottes zum Dasein eines individuellen Menschen. Bei Jesus Christus aber ist die göttliche Hypostase des Logos der individuierende Träger der aus Maria angenommenen menschlichen Natur. Darum hat ihn Maria nicht auf dem Wege geschlechtlicher Zeugung empfangen. Sie hat ihn vielmehr als den Selbstmitteilungswillen Gottes zur Menschwerdung aus ihr empfangen. So ist sie nicht die Mutter (Miterzeugerin) einer kreatürlichen Personsubsistenz, sondern die Empfängerin und Gebärerin des Logos, der aus ihrem „Fleisch und Blut“ menschliche Natur annahm.

So muß man also sagen: Gott ist der ewige Vater des ewigen Sohnes und auch der „Vater“ der menschlichen Natur des inkarnierten Logos, die nicht für sich,

Menschen verwandelter Gott. Er ist ganz radikal und kompromißlos als Mensch zu verstehen, der empfangen wird, der geboren wird, der leidet und stirbt. Jede substantielle Vergottung des Menschen wird Jesus nur auf die Ebene der heidnischen Theios-Aner-Gestalten herabziehen und damit der Aussageintention der Evangelisten diametral widersprechen. Jesu Sein als „Sohn Gottes" besteht darin, daß er als Mensch in einem absoluten (nicht durch kreatürlich-elterliches Mitwirken bedingten) Sinn ausschließlich durch Gott existiert und darum auch die eschatologische Heilsgegenwart Gottes als der Erlöser und als das Leben für

---

sondern nur durch die Selbstmitteilung Gottes besteht, d. h. in der Hypostase des Logos. Eben darum ist Gott der Erzeuger der Menschheit Jesu nicht durch geschlechtliche Zeugung, sondern allein durch die schöpferische Aktualität seiner eschatologisch-inkarnatorischen Selbstmitteilung.

Maria ist die Mutter Jesu, aber nicht so, daß sie auf dem Wege geschlechtlicher Zeugung (als dem kreatürlichen Medium) die göttliche Person des Logos (als den Träger der Menschheit Jesu) miterzeugt, sondern so, daß sie den Logos durch dessen Selbstoffenbarung im Hören des Wortes und im Glauben empfängt, insofern er aus ihrer weiblich-mütterlichen Leiblichkeit die menschliche Natur annehmen will. Marias Verhältnis zu Gott im Empfangen des Logos ist nicht nach Analogie eines Mann-Frau-Verhältnisses auszulegen, sondern nach Maßgabe der Schöpfer-Geschöpf-Relation. Maria als Geschöpf empfängt den Logos, wobei sie durch ihre Weiblichkeit – anders als ein Mann – für die Entstehung einer menschlichen Natur disponiert ist. Sie ist also die Gebärerin des göttlichen Wortes und nicht nur einer zunächst für sich subsistierenden Menschheit Jesu, die sekundär von Gott auch als menschliche Form seiner Selbstaussage angenommen (adoptiert) würde. Eine mehr als moralische Einheit von Gottheit und Menschheit in Jesus wäre sonst nicht möglich. Das eben war die Problematik, der sich das Konzil von Ephesus stellte. Die Gefahr des Adoptianismus und „Nestorianismus" liegt immer nahe, wo die christologische Notwendigkeit der Rede von Maria als Jungfrau und Gottesgebärerin nicht voll erkannt wird. Vgl. 11. Konzil von Toledo a. 675 (DS 536).

Es ist selbstverständlich klar, daß zwischen dem Vater und dem Sohn noch eine Differenz besteht. Diese ist aber nicht durch die geschichtlich-inkarnatorische Existenz Jesu begründet, obgleich sie sich in ihr ausdrückt, sondern durch sein ewiges Wortsein, indem er aus dem Vater hervorgeht und so die Selbstunterscheidung Gottes als Vater, Sohn und Heiliger Geist begründet. Es ist also unmöglich, daß erst die Inkarnation die innere relationale Unterscheidung und Beziehung der göttlichen Personen hervorbringt. Das ewige Sohn-Gottes-Sein und die zeitliche Existenz Jesu in seinem Menschsein als „Sohn Gottes" kann man nicht so voneinander trennen, daß die Menschheit Jesu nicht mehr durch das Sein des Logos und deren innere Relation zu Gott existiert. Dies war die gutgemeinte, aber spekulativ nicht sehr tiefgründige Position des spanischen Adoptianismus im 8. Jahrhundert. Sie wurde zurückgewiesen durch Papst *Hadrian I.*, Ep. „Si tamen licet" (DS 610f.); vom Konzil von Frankfurt i.J. 794 (DS 612ff.); von der Synode von Friaul i.J. 796/97 (DS 619).

jeden Menschen sein kann. So ist der Titel „Sohn Gottes" die Umschreibung für die menschlich vermittelte Gegenwart des ewigen Gottes selbst in diesem Menschen Jesus von Nazaret. Gott ist also nicht in einem (gegenüber den Propheten) nur quantitativ gesteigerten Sinn in diesem Jesus. *Gott ist selbst als der Mensch Jesus bei uns.*

Wahrscheinlich haben wir es hier nur mit einer Vertiefung der frühen Zwei-Stufen-Christologie zu tun (vgl. Röm 1,3f.). Der Mensch Jesus ist dem Geiste Gottes nach nicht nur in seiner Funktion und seinem Handeln als „Sohn Gottes" zu erkennen. Er ist es vielmehr seinem ganzen Sein nach von dem Anfang seiner Entstehung an. Darum müssen Matthäus und Lukas über die Geistverleihung bei der Taufe Jesu und der Bezeugung seines Sohnesverhältnisses zu Gott hinausgehen und eine Entstehungsgeschichte Christi verfassen. Sie versuchen also, eine funktional gedachte Christologie durch Aussagen über die Herkunft und das Wesen Jesu zu unterbauen. Die Gültigkeit der christologischen Fundamentalaussage, daß Jesus die menschliche Selbstrepräsentanz Gottes ist, mit der das christliche Bekenntnis in seinem eschatologischen Anspruch steht und fällt, hängt nun aber nicht einfach von der historischen Nachweisbarkeit einer Überlieferung Marias oder des engeren Familienkreises ab. Ohnehin konnte Maria in ihrem natürlichen Bewußtseinsinhalt allenfalls wissen, daß sie Jesus ohne menschlichen Zeugungsakt empfangen hat, aber daß der physisch nicht greifbare Grund hierfür der eschatologische Selbstmitteilungswille Gottes in der raum-zeitlichen Erscheinung des Menschseins Jesu ist, konnte auch sie nur im Glauben begreifen, dessen Prinzip und Urheber Gott (oder Gottes Geist) selber ist (vgl. Mt 16,17). Die theologisch gültige Aussage hängt nicht davon ab, ob es gelingt, diese Tradition bis zu Maria zurückzuverfolgen. Marias persönliches Zeugnis hat nicht den Rang des apostolischen Zeugnisses. Deshalb muß der innere Zusammenhang der jungfräulichen Empfängnis Jesu mit der apostolischen Verkündigung und Tradition aufgezeigt werden.

Die Erkenntnis dieses von Gott selbst initiierten Geschehens hängt nicht von der historischen Überprüfung der Glaubwürdigkeit umlaufender einzelner Nachrichten ab, sondern von deren

Verbindung mit dem Ursprungsereignis des kirchlichen Christusbekenntnisses in der Auferstehung Jesu, die zugleich auch das Entfaltungsprinzip der biblischen und kirchlichen Christologie in ihrem Ideal- und Realgehalt darstellt.

4. Die Auferstehung Jesu als Ursprungsereignis des Glaubens und als Entfaltungsprinzip der Christologie

Den Ursprung des Glaubens sehen wir nicht einfach in historischen Überlieferungen vom vorösterlichen Jesus, die nach eigenem subjektivem Ermessen „geglaubt" wurden, aber auch nicht nur in den nachösterlichen Überzeugungen der Gemeinde, insofern diese zu rein von der rationalen oder sentimentalen Subjektivität bedingten „Deutungen" gelangt ist. Das Ursprungsereignis aller Christologie besteht in der Identifikation des sich als auferstandenen Herrn bezeugenden Christus mit dem vorösterlichen Jesus. Auf der Basis dieses Bekenntnisses nimmt jede reflektierende Christologie ihren Anfang. Christologie ist in diesem Sinne aber nicht subjektive Reflexion über ein gegenüberliegendes objektives Geschehen, zu dem man auch ohne Glauben einen adäquaten Zugang hätte. Im Gegensatz zu der hier insinuierten Subjekt-Objekt-Spaltung muß die sprachlich-reflexive Gestaltung des Glaubens als das kreatürliche Medium des Offenbarungsereignisses selbst begriffen werden.

Der Glaube ist ein inneres Moment am Offenbarungsereignis, das der sich bezeugende auferstandene Herr als die subjektive Bedingung der Möglichkeit seiner Erkenntnis durch uns voraussetzt und uns mitteilt, so daß wir ihn durch den von ihm selbst ermöglichten Glauben auch erkennen können. In der Begegnung mit dem Herrn als dem Auferstandenen geht darin dem Glaubenden auch auf, wer Jesus in letzter Hinsicht im Hinblick auf Gott ist. Ist nun der Glaubende von dieser grundsätzlichen Konstitution seines Glaubens durch die Begegnung mit dem auferstandenen Herrn überzeugt, dann weiß er auch, daß die reflexive Entfaltung dieses Glaubens vom Geist des Auferstandenen selbst geleitet wird. Hierzu gehört nun auch die Überzeugung, daß die Erkenntnis der Offenbarungseinheit Jesu mit Gott im Licht des Auferstehungsereignisses ihren ursprünglichen Grund im Ereignis der durch Gott unmittelbar begründeten Menschheit Jesu hat, durch die er sich selbst eschatologisch der Welt mitteilt. „Glaube“ nicht nur im profanen Sinn des Wortes, sondern in einem theologisch reflektierten Sinn ist also nicht die Überzeugung von Fakten, die zuvor durch eine profane historische Forschung eruiert worden sind. Glaube ist vielmehr die Erhebung des kreatürlichen Bewußtseins auf die Ebene Gottes, damit der Mensch durch Gottes Geist konkrete geschichtliche Ereignisse als Medien (Realsymbole) erkennt, durch die Gott sich uns nahebringt. Das Ergeignis der Auferstehung Jesu und seiner Selbstbezeugung begründet darum also die innere Einheit von Offenbarung und Glaube.

Wir verstehen die Auferstehung Jesu eben nicht nur als eine formale Bestätigung Jesu durch Gott hinter der Bühne der Weltgeschichte, die nun auch noch einmal vor dem Vorhang proklamiert wird. In diesem Sinn ist eine räumlich-zeitlich gedachte Trennung von Transzendenz und Geschichte, von Jenseits und Diesseits unmöglich. Es gibt nicht im Sinne eines neuartigen Zwei-Stockwerk-Denkens eine historisch beweisbare Basis und einen theologischen Überbau, der von der subjektiven Befindlichkeit des Interpreten abhängig ist, also auch keinen allgemeinverbindlichen Anspruch hat. In der Tat begreift die natürliche Vernunft in ihrem eigenen Vollzug nur die materielle Welt in ihrem Wirklichsein und verwendet dabei die Methoden der verschiedenen Wissenschaften. Der Glaube spielt sich nicht auf einem Stockwerk darüber ab. Hier ist dieselbe Vernunft tätig, die in ihrer transzendentalen Verfaßtheit so vom Wort und Ereignis Gottes ergriffen worden ist, daß sie Gott selbst in den Ereignissen seines geschichtlichen Handelns erkennt. Die daraus sich ergebende theologische Vernunft kann darum nicht in eine rein historische und in eine rein theologische Abteilung aufgegliedert werden, sondern es ist die *eine theologische Vernunft,* die sich *geschichtlich-transzendental* vollzieht. In diesem Sinn wird ihr die Auferstehung Jesu Christi als geschichtliches Ereignis faßbar, ohne daß es auf die gleiche Ebene wie die profanen Geschichtsereignisse gestellt werden muß und ihrem Verifikationsschematismus zu unterwerfen wäre. Die Auferstehung Jesu darf nicht als ein einzelnes isoliertes Geschehen in der Lebensgeschichte Jesu aufgefaßt werden. Sie ist vielmehr im Zusammenhang der ganzen Dynamik des Selbstverständnisses und des Auftretens Jesu zu verstehen als der Höhepunkt der Selbstmitteilung Gottes im Menschen Jesus in der Geschichte und seiner bleibenden geschichtlichen Gegenwart – vermittelt in Geist, Wort, Sakrament und Kirche. Und zu ihr gehört (ihr innerlich geeint) der Glaube der Auferstehungszeugen und der Glaubenden in der kirchlichen Gemeinschaft.

Der Glaube ist also nicht entstanden durch eine äußere Sammlung einzelner historisch verbürgter Nachrichten über Jesus. Er enthält auch nicht ein Bündel gleichsam vom Himmel „heruntertelefonierter“ einzelner Wahrheiten. Er ist vielmehr seine mit dem Offenbarungsereignis in Jesus Christus und dem Heiligen Geist mitgegebene und von ihm angeeignete kreatürliche Präsenzform. Weil der Glaube aber die kreatürliche Vergegenwärtigung der einen Selbstmitteilung Gottes ist in der Pluralität ihrer inneren Bezüge, darum hat der Glaube selber Prozeßcharakter, indem er sich wegen der geschichtlichen Verfassung des menschlichen Geistes selbstreflexiv in seinen eigenen Grund vortasten muß, sich sprachlich abklärt und in den kulturell bedingten Vorstellungskategorien – sie darin aber noch einmal überbietend – zum Ausdruck bringen muß. Darum kennt schon das Neue Testament verschiedene christologische Modelle. Denn der Glaube als transzendental-apriorische Eröffnetheit für das Geschichte gewordene Mysterium an sich kann sich auf der Ebene des reflexiven Ausdrucks nie adäquat sprachlich einholen. Die Christologie ist darum nicht nur eine bloße Konstatierung einzelner Fakten. Christologie geschieht gleichsam als Prozeß, in dem die Theologie sprachlich und gedanklich sich das vergegenwärtigen will, was sie als Totalität im Glauben angenommen hat. Gerade die Vielfalt der sich ergänzenden und bereichernden christologischen Modelle des Neuen Testamentes gehört mit zur Normativität der sich bildenden Glaubensgestalten in der einen apostolischen Kirche. Ihr jedoch hat sich die nachfolgende Kirche für immer unterstellt.

Insgesamt darf man sagen, daß sich vom biblischen Offenbarungs- und Glaubensverständnis her die Alternative zwischen historischer Faktizität und theologisch-subjektiver Interpretation als überholt erweist. Genaugenommen sagt sie, daß Wirklichkeit an sich zwar konstatiert wird, aber nicht „erkannt" werden kann und daß ihr vom beliebigen Standpunkt des Interpreten aus die Bedingungen vorgeschrieben werden, unter denen sie dem Verstand erscheint. Damit aber wäre trotz aller Rede von Offenbarung der Mensch immer nur mit sich selber konfrontiert. Eine Begegnung mit Gottes Wirklichkeit, seinem Geschichtshandeln und seiner Wahrheit wäre ausgeschlossen. Die genannte Alternative, die einer dualistisch ansetzenden Erkenntnismetaphysik entspringt, kann nicht an die Heilige Schrift und den Glauben der Kirche, wie er sich geschichtlich entfaltet hat, herangetragen werden. Der Zugang zu den inneren Intentionen des Bekenntnisses im Rahmen des von ihm selbst her zu entwickelnden eigenen Wirklichkeitsverständnisses wird dadurch viel eher verstellt.

Ist aber die Auferstehung Jesu, das Ursprungsereignis, in dem der Glaubende die Totalität Christi erfaßt, ein Ereignis von Gott her, dann hat auch die Konstitution der Menschheit des Erlösers in der hypostatischen Union im Zeichen der Geburt aus der Jungfrau Maria Ereignischarakter, insofern die reale Möglichkeitsbedingung von der Realität, zu der sie disponiert, mitgetragen wird. Der Gegensatz von christologischem Faktum und einer reinen (lediglich subjektiv interpretierenden) Reflexionschristologie ist in einer geklärten Hermeneutik christologischer Aussagen überholt. Wenn die Auferstehung zu Recht als Höhepunkt der geschichtlichen Offenbarungseinheit verstanden wird, dann muß nach dem Ursprungsprinzip dieser Einheit gefragt werden. Dieses liegt in der Konstitution der Menschheit Jesu in Empfängnis und Geburt aus Maria, wodurch der Mensch Jesus, der in einer Sohnesrelation zu Gott steht bzw. an der Sohnesrelation des ewigen Wortes in Gott partizipiert, zur Selbstoffenbarung Gottes wird.

Es ist in dieser Perspektive der Einheit von Offenbarung und Glaubensgeschichte noch einmal nach dem genauen Stellenwert der geistgewirkten Lebensentstehung Jesu innerhalb der synoptischen Pneumachristologie zu fragen.

5. Nochmals: Die Eigenart und die Bedeutung der synoptischen Pneumachristologie

Alle neutestamentlichen Christologien beziehen sich auf die geschichtlich-eschatologische Offenbarungseinheit Jesu mit Gott, den er in einem exklusiven Sinn seinen „Vater" nannte. In der paulinischen Präexistenz- und der johanneischen Inkarnationschristologie ist die Einheit Jesu mit Gott in dem ewigen Sohn Gottes, d.h. im ewigen gottgleichen Logos, gegeben.[61] Der Sohn oder das Wort Gottes stehen schon „vor" der menschlichen Existenzweise in einer inneren Beziehung zu Gott (vgl. Gal 4,4; Röm 8,3; Phil 2,6–11; Joh 1,1; 1 Joh 4,19; vgl. Hebr 1,3). Es ist also das ewige Wort Gottes, welches zu seinem göttlichen Sein hinzu auch die menschliche Seinsweise annimmt. Die Menschheit Jesu ist hier so konzipiert, daß sie in die Sohnesrelation des Logos zum Vater aufgenommen wird und durch sie existiert. Einer solchen Christologie widerspricht nun keineswegs die Vorstellung, daß Gott in Jesus das Menschsein aus einer Jungfrau angenommen hat. Es läßt sich mit ihr vielmehr verbinden. Denn da der Logos die unmittelbare Subsistenz der so angenommenen Menschheit ist, kann die menschliche Natur nicht noch einmal durch eine kreatürliche Subsistenz („Person-sein"), wie sie durch die geschlechtliche Zeugung (im schöpfungstheologischen Sinn) vermittelt wird, getragen sein. Dieser hier kurz skizzierten Linie ist die patristische Christologie im wesentlichen gefolgt.

Die Synoptiker hingegen entwickeln eine Christologie von einem anderen Konzept her, indem sie nicht von der Trinität, d.h. von einer nicht durch Schöpfung und Geschichte vermittelten Einheit von Gott und „Gottessohn" her denken und damit den Gedanken der Sendung des ewigen Sohnes ins Fleisch einbringen. Man könnte dieses Konzept als eine „Christologie von unten" bezeichnen, da es beim Leben Jesu und seinem öffentlichen Wirken ansetzt. Am Menschsein Jesu besteht hier keinerlei Zweifel. Es stellt sich jedoch die Frage, wie dieser Mensch so in Verbindung steht mit Gott, daß er die menschliche Selbstver-

---

[61] Vgl. *R. Schnackenburg,* Das Johannesevangelium 1. Teil = HThK IV/1, Freiburg–Basel–Wien [6]1986, 290–302 (Der Präexistenzgedanke).

gegenwärtigung Gottes sein kann. Die Synoptiker setzen also breit vom Menschen Jesus her an und schildern seine Geschichte. Doch dieser Mensch Jesus steht für sie in dieser eigenartigen Relation zu Gott, den er seinen Vater nennt (Abba-Relation).[62] Nur so ist dieser Mensch Jesus in einem exklusiven, unbedingten und endzeitlichen Sinn der „Gott-mit-uns". Wie aber kann dieser Sachverhalt, der mit dem Bild einer Vater-Sohn-Relation ausgedrückt wird, in der Tat Gottessohnschaft meinen, wenn diese Redeweise nicht nur adoptianisch mißverstanden oder bloß metaphorisch ausgelegt sein soll? Dieser Mensch muß darum unmittelbar durch Gott existieren, wenn er die heilshafte Nähe Gottes sein soll. Die Synoptiker vertreten so zwar keine Inkarnationschristologie im Sinne eines theologischen Typus. Gleichwohl reden sie aber der Sache nach von einer Menschwerdung Gottes, nur eben nicht von einer Inkarnation des ewigen Wortes als der zweiten „Person" in Gott. Warum greifen nun Matthäus und Lukas unabhängig voneinander die ihnen schon bekannten Traditionen von der unmittelbar gottgewirkten Begründung des Menschen Jesus auf und gestalten sie theologisch aus im Sinne ihrer christologischen Konzeption?

Diesen Vorgang begriff die Kirche als ein Wirken des Heiligen Geistes selbst, weshalb die Heilige Schrift als ein Zeugnis der konstitutiven Zeit der Offenbarung und der ihr unmittelbar zugehörigen ersten Glaubensreflexion „inspiriert" genannt werden muß. Wenn es von der Auferstehung Jesu her, zu der die Begründung des Glaubens als Moment an ihr gehört, wegen des Prozeßcharakters menschlichen Denkens und Glaubens eine Pluralität christologischer Konzeptionen gibt und notwendigerweise geben muß, dann ist es möglich, daß in der einen biblischen Konzeption ein konstitutives Element an der Gesamtwirklichkeit zur Sprache gebracht wird, das in einer anderen theologischen Sicht nicht oder nur am Rande vorkommt. Wir finden im Neuen Testament also nicht einen mit historischen Mitteln zu eruierenden

[62] Vgl. *J. Jeremias,* Abba. Studien zur neutestamentlichen Theologie und Zeitgeschichte, Göttingen 1966, 15–80; *H. Schürmann,* Gottes Reich – Jesu Geschick. Jesu ureigener Tod im Lichte seiner Basileia-Verkündigung, Freiburg–Basel–Wien 1983.

Kern von Glaubenssätzen, der von rein subjektiven Deutungen überlagert ist. Das Offenbarungsereignis in seinem inneren Zusammenhang ist ohne den Glauben mit der zugehörigen Reflexionsstufe nicht zu erreichen. Darum bringen die neutestamentlichen Theologien das Ereignishafte der Offenbarung selbst zur Sprache. Es geht ihnen also niemals um die Interpretation einzelner zunächst heilsneutraler Fakten, sondern um die Erhellung des von Gott herkommenden Ereignisses, in dem die Offenbarungseinheit des Menschen Jesus mit Gott dauernd gründet.

Ohne die Lehre von der geistgewirkten Lebensentstehung Jesu, und zwar unter Ausschluß der Vermittlung geschlechtlichen Zutuns, d.h. also ohne die Lehre von der Menschwerdung aus der Jungfrau allein, die seine Mutter wird, kann der Mensch Jesus nie so „Sohn Gottes“ sein, daß sich in ihm Gott selbst als das Heil vergegenwärtigt. Darum muß jede „Christologie von unten“ unfehlbar in die Sackgasse einer Adoptions- oder bloßen Bewährungschristologie geraten, wenn sie den Ereignischarakter des conceptus de spiritu sancto ex Maria virgine nicht festhält. Ein Interpretament oder Christologumenon ohne eine Grundlage in der Realität Christi kann darum niemals genügen. Die Halbierung der Rede von der Jungfräulichkeit Marias in eine symbolische und in eine biologische Dimension liegt nicht nur nicht im Sinne der Evangelisten, sie widerspricht dem Text – ganz abgesehen davon, daß diese Denkfigur von einer dualistischen Anthropologie herkommt und im biblischen Denken keinen Ansatz hat. Das Biologische ist nämlich kein vom Ganzen des Menschen real abtrennbarer Bereich, sondern nur eine logische Abstraktion, in der der eine und ganze Mensch unter einem Teilaspekt betrachtet wird. Matthäus und Lukas haben nicht ohne Grund das markinische Evangelium durch eine tiefere Bestimmung von Sein und Sendung Jesu erweitert und die Menschheit Jesu in einer ursprünglichen Relation zu Gott begründet, die im eschatologischen Selbstmitteilungswillen Gottes entsteht. Darin sehen sie auch eine untrennbare Einheit von Christologie und Soteriologie. Somit ging der Weg der frühen Christologie nicht von einer etwa „adoptianisch“ gedachten Gottessohnschaft von der Jordantaufe her zu einem immer früheren Zeitpunkt, zunächst bis zur Geburt und dann bis zur Präexistenz, zurück. Die

Präexistenzchristologie[63], die älter ist, und die Pneumachristologie stellen vielmehr zwei unterschiedliche christologische Typen dar, und erst in ihrem Zusammenhang mit der Inkarnationschristologie bilden sie zusammen das ganze neutestamentliche Christuszeugnis, in dem die Kirche ihren Glauben ausgedrückt findet und dessen Norm sie sich für immer unterstellt hat.

Was aber hat es mit der These auf sich, die Pneumachristologie mit der Begründung der „Gottessohnschaft" Jesu durch die geistgewirkte Empfängnis und die jungfräuliche Geburt stehe im Widerspruch oder in Spannung zur Menschwerdung des präexistenten Gottessohnes und erweise sich auch als überflüssig für die Aussage der Christologie? Dagegen ist zu sagen, daß eine Verletzung der logischen Regeln des „Widerspruchsprinzips" der philosophischen Erkenntnistheorie nur dann vorliegt, wenn von demselben Sachverhalt unter der gleichen Rücksicht etwas Entgegengesetztes behauptet wird. Das ist aber hier nicht der Fall. Bei der Pneumachristologie geht es um die „Sohnschaft" des Menschen Jesus. Bei der Inkarnationschristologie ist aber der ewige göttliche Logos als der ewige „Sohn" Gottes bezeichnet.

Die Synoptiker fragen, wie dieser konkrete Mensch die eschatologische Selbstaussage Gottes sein kann. Ihre Antwort lautet: Weil er in einer ihn absolut konstituierenden Relation zu Gott steht, der ihm „Vater" ist und der sich in ihm als der „Sohn" repräsentiert. Die geistgewirkte Empfängnis Jesu in der Jungfrau Maria ist die durch den Sachverhalt geforderte und von ihm auch getragene innere Bedingung. Bei der Inkarnationschristologie ist vom innertrinitarischen Verhältnis von Gott zu sich selbst als Vater und Sohn/Wort die Rede. Dieser ewige göttliche Logos sagt sich nun auch in der angenommenen menschlichen Wirklichkeit aus, so daß die menschliche Natur Christi an der Sohnschaft des ewigen Logos partizipiert und in ihr Wirklichkeit geworden ist.

Im ersten Fall geht es also um die Gottessohnschaft des Men-

---

[63] Damit ist keineswegs gesagt, daß der Präexistenzgedanke schon das Ganze der paulinischen und johanneischen Christologie ausmacht oder gar die Heilsereignisse von Kreuz und Auferstehung in den Hintergrund drängt.

schen Jesus, die durch die im Zeichen der jungfräulichen Empfängnis gegebene Relation Jesu zu Gott gründet. Im zweiten Fall ist die Rede von der ewigen Sohnschaft des Logos, der eine menschliche Natur annimmt und konstituiert (was später nur anders ausgedrückt wird in der Lehre von der hypostatischen Union). Eine Aufnahme dieses Glaubens an die geistgewirkte jungfräuliche Lebensentstehung Jesu ist darum in dieser Perspektive alles andere als überflüssig. Sie wird an einer besonderen Stelle in die Inkarnationschristologie integriert. Es geht nicht um ein bloßes Gegenüber von Gott und Jesus mit der Frage, wie ein Geschöpf die Selbstvergegenwärtigung Gottes sein kann, sondern es wird gefragt, wie der göttliche Logos eine menschliche Natur annehmen kann, ohne daß die beiden Naturen nur moralisch miteinander verbunden werden.

Es geht in dem Bekenntnis zur jungfräulichen Lebensentstehung Jesu allein durch Gottes Geistesmacht und nicht durch die Eigenmacht der Kreatur (eben der Mutter Jesu als Jungfrau) um die „Wie-Frage" in einem ganz besonderen Sinn. Da von einer natürlichen oder gar mythologischen Parthenogenese nicht die Rede sein kann, läßt sich das gemeinte Ereignis auch nicht unter die Gegenstände der gewöhnlichen Erkenntnis (empirisch, historisch, biologisch, symbolistisch) einordnen. Das „Wie" der Selbstmitteilung des ewigen Gottes in der angenommenen Menschennatur ist seiner Realisierung wie auch seiner Erkenntnismöglichkeit nach nicht aus der kreatürlichen Wirklichkeit, also aus der geschöpflichen Vernunft abzuleiten. Sie wird bewirkt durch den Heiligen Geist Gottes allein und wird auch nur im Glauben allein zugänglich – eben als das Geheimnis des menschgewordenen Gottes schlechthin. Letztlich kann die „Notwendigkeit des Dogmas von der Jungfrauengeburt" – wie Karl Barth in dem bedeutenden Abschnitt „Das Wunder der Weihnacht" in der „Kirchlichen Dogmatik" sagt – „nicht von dem Für und Wider literarischer, traditionsgeschichtlicher und historisch-biologischer Fragen abhängig sein". Im Lichte der Inkarnationschristologie erkennen wir die Lehre von der virginitas ante partum nicht als eine Wiederholung der Wirklichkeit der Fleischwerdung des Logos, sondern „das Geheimnis dieser Wirklichkeit, ihre Unbegreiflichkeit, ihren Charakter als den eines Faktums, in welchem Gott allein durch Gott gehandelt hat und in welchem Gott auch allein durch Gott erkannt werden kann. Das Dogma von der Jungfrauengeburt ist also nicht eine Wiederholung oder Umschreibung des vere Deus vere homo, obwohl es das in seiner Weise auch ausspricht, erklärt und beleuchtet, sondern es sagt (sozusagen ein formales Dogma zur nötigen Erläuterung jenes materialen): wenn das geschieht, was der Name Immanuel sagt, wenn also Gott zu uns kommt als unsereiner, um das Unsrige, ja um an unserer Stelle wir selbst zu sein: wahrer Gott und wahrer Mensch, dann ist das wohl ein wirkliches, im Raum und in der Zeit als Geschichte in der Geschichte sich vollziehendes Ereignis. – In ihm geschieht ja Offenbarung Gottes an uns, in ihm geschieht ja unsere Versöhnung – aber das Geschehen, bei dem auf alles Warum? und Woher? und Wie? nur zu antworten ist, daß hier Gott mit sich selber anfängt. Das Dogma von der Jungfrauengeburt ist also das Bekenntnis der grenzenlosen Verborgenheit des vere Deus vere homo und des durch dieses vere Deus vere homo von uns geforderten grenzenlosen Staunens der Ehrfurcht und der Dankbarkeit. Es streicht die letzte etwa noch verbliebene Möglichkeit, das vere Deus vere homo geistig, als eine Idee oder als eine eigenmächtige Deutung, etwa im Sinne der doketischen oder ebionitischen Christologie zu verstehen. Es läßt nur das geistliche Verständnis des vere Deus vere homo übrig, d.h. jenes Verständnis, in welchem Gottes eigenes Werk in Gottes eigenem Licht gesehen wird.“ [64]

6. Die geistgewirkte Lebensentstehung Jesu aus der Jungfrau Maria als innerlich notwendiges Element des Christusbekenntnisses

Die Christologien des Neuen Testamentes stehen für die Kirche nicht zur individuellen Auswahl bereit. Eine wesentliche Aussage bei der Bildung des biblischen Kanons ist es ja gerade, daß die Kirche als Glaubensgemeinschaft das vielstimmige Zeugnis der für sie normativen Urkirche annimmt und in ihm das Eine und Ganze ihres Christusglaubens erkennt. Methodisch unan-

---

[64] *K. Barth*, Kirchliche Dogmatik I/2, Zollikon 1938, 193f.

fechtbar war darum der bei Ignatius von Antiochien um die Wende zum 2. Jahrhundert zu erkennende Schritt, die ihm bekannten Konzeptionen der Pneuma-Christologie und der Inkarnations-Christologie innerlich zu verbinden, was auch für die Glaubensbekenntnisse der Frühen Kirche maßgeblich wurde. Das Neue Testament und das Bekenntnis der Frühen Kirche verstehen darum die geistgewirkte Lebensentstehung Jesu als ein von Gott her gewirktes Ereignis. Es ist als solches nur im Glauben zu erfassen und wird zeichenhaft sichtbar in der Empfängnis und in der Geburt Jesu aus Maria, insofern das Ergebnis dieses Handelns nicht auf kreatürliche Möglichkeiten zurückgeführt werden kann und darum auf Gott selbst verweist.[65]

Dieses im Glauben zu erfasende und sich im Wort der Offenbarung kundgebende Geschehen kann nicht zur Disposition einer Possibilientheologie stehen. Der Glaube ist nicht abhängig

---

[65] Damit ist nicht gesagt, daß die hypostatische Union von der Empfängnis und Geburt Jesu aus der Jungfrau Maria abhängig wäre. Vielmehr muß umgekehrt gesagt werden, daß die hypostatische Union die Begründung der Menschheit Jesu ohne die geschöpfliche Vermittlung der Zeugung ist und daß darum für Jesus nur die Empfängnis ohne die instrumental-ursächliche Eigentätigkeit der Natur in Frage kommt. Vgl. *K. Barth,* Die kirchliche Dogmatik I/2, Zollikon 1938, 215: „Die Formel: conceptus de Spiritu sancto füllt also sozusagen den durch die Formel natus ex Maria virgine bezeichneten Hohlraum. Sie nennt den Grund und Gehalt, während jene die Form und Gestalt des Wunders und Zeichens nennt." Vgl. auch *J. Ratzinger,* Die Tochter Zion, Einsiedeln 1977, 50: „Die jungfräuliche Geburt ist der notwendige Ursprung dessen, der der Sohn ist, und der darin auch erst der messianischen Hoffnung einen bleibenden und über Israel hinausweisenden Sinn gibt." Bemerkenswert ist auf dieser Seite auch die Anm. 9: „Ich möchte damit die Grenze meiner oft zitierten Äußerung in: Einführung in das Christentum (München 1968), 225, deutlich herausstellen, wonach Jesu Gottessohnschaft das Herkommen aus einer normalen Ehe an sich nicht ausschließen würde. Ich wollte damit nur ganz deutlich den Unterschied der biologischen und der ontologischen Ebene des Denkens herausstellen und klarmachen, daß die ontologischen Aussagen von Nikäa und Chalkedon als solche nicht mit den Aussagen über die jungfräuliche Empfängnis identisch sind. Daß zwischen beidem – der Personeinheit Jesu mit dem ewigen Sohn des ewigen Vaters und der irdischen Vaterlosigkeit des Menschen Jesus – bei aller Unterschiedenheit der Ebenen eine tiefe, ja unlösbare Entsprechung besteht, sollte damit nicht bestritten werden, wurde aber – wie ich einräume – von mir auch nicht deutlich genug erwähnt; insofern besteht die Kritik von Balthasar ... zu Recht. Jedem, der nicht nur die erwähnte Passage auf S. 225 meines Werkes, sondern einen ganzen Abschnitt S. 222–230 liest, muß aber auch ohnedies offenkundig sein, daß die Anwendung meiner Ausführungen bei R. Pesch, Das Markusevangelium I (Freiburg 1976), 323, dem Sinn meiner Überlegungen konträr entgegensteht."

von der Frage, ob Gott auch anders seine geschichtliche Selbstmitteilung hätte vollziehen können. Alle geschichtlichen Ereignisse, auch sofern sie unmittelbar von Gott her geschehen, sind kontingent. Nur in seinem eigenen Wesen ist Gott von metaphysischer Notwendigkeit. Der heilsgeschichtliche Bezug des Glaubens zu Gott muß darum immer von der Positivität der sich welthaft ereignenden Freiheit der Selbstmitteilung Gottes ausgehen. Die spekulative Theologie kann nicht den Sinn haben, hinter die Freiheit und Logik Gottes zurückzugehen und sie von ihren eigenen Überlegungen her zu steuern. Sie vermag nur auf der positiven Grundlage der inneren Sinnbezüge der Offenbarung, wie sie im Ganzen der Heiligen Schrift vorgegeben sind, diese zu erhellen versuchen, um ihre innere Konsequenz einsichtig zu machen.

Dabei ist aber noch einmal zu sagen, daß die positive Theologie nicht rein historisch arbeitet. Sie ist schon Theologie und muß methodologisch geschichtlich-transzendental ansetzen.

Zunächst gehen wir von der Einsicht aus, daß Matthäus und Lukas bei aller Verschiedenheit ihrer christologischen Konzeption und literarischen Gestaltung schon vor der Abfassung ihrer Evangelien mitsamt ihren christologischen Präludien von der Offenbarungseinheit Jesu mit Gott, seinem „Vater“, überzeugt waren. Das „Sohnes-Verhältnis“ Jesu zu Gott ist durch den Heiligen Geist, d.h. Gottes Offenbarungsgegenwart, vermittelt. Wie aber kann Jesus die menschliche Vergegenwärtigung des Heiles Gottes, seines Reiches, der Sündenvergebung, der Erlösung und des ewigen Lebens sein, wenn er nur ein Geschöpf ist wie jedes andere, das Gott irgendwann als Propheten in seinen Dienst nahm? Darauf geben nun Matthäus und Lukas die Antwort, daß Jesus in seinem menschlichen Sein unmittelbar durch Gott existiert. Eben deswegen ist Gott in seiner ganzen Fülle in Jesus und durch Jesus in der Welt so gegenwärtig, daß er, Gott, nicht mehr anders gedacht werden kann als durch seine Selbstvergegenwärtigung in Jesus und daß umgekehrt Jesus nicht mehr anders begriffen werden kann als aus dem Ursprung der ihn konstituierenden Relation zu Gott. Warum schließt dies nun aber eine natürlich-elterliche Zeugung aus? Einer theologischen Betrachtung enthüllt sich dies nur im Lichte des biblischen Schöpfungsglaubens sowie einer theologisch-anthropologischen Reflexion auf das, was mit Schöpfung überhaupt gemeint sein kann.

Gott ist, biblisch gesprochen, der Schöpfer jedes einzelnen Menschen. Gott selbst begründet die Menschwerdung jedes individuellen Menschen. Anthropologisch formuliert heißt dies, daß wir durch einen Seinsakt existieren, der von Gott gesetzt ist. Dieser ist jedoch noch einmal von Gott selbst absolut verschieden, so daß wir nicht durch den Akt existieren, durch den Gott selbst existiert und Gott ist und durch den er sich heilsgeschichtlich in Jesus, ohne sich zu verendlichen und zu vergeschöpflichen, in der Endlichkeit als er selbst vergegenwärtigt.

Die letzte Wirklichkeit, aus der heraus wir existieren, ist also von Gott gesetzt, und insofern leben wir durch Gottes Leben und Liebe. Aber sie unterscheidet sich von Gott noch einmal unbedingt, anderenfalls wir mit Gottes Leben zusammenfallen müßten oder im pantheistischen Sinn nur bestimmte Momente am Selbstvollzug Gottes wären. Dieser von Gott unwiderruflich uns geschenkte, aber von ihm selbst verschiedene Seinsakt ist, genaugenommen, die Subsistenz oder die Hypostase des individuellen Menschen. Sie in der traditionellen Sprachregelung mit „Person" wiederzugeben ist problematisch, da wir heute bei Person spontan an Selbstbewußtsein und Freiheit denken. Schwieriger noch wäre es, die Person mit „Seele" wiederzugeben, denn es ist gerade nicht das psychische oder intellektuelle Moment am Menschen gemeint. Die Subsistenz ist keineswegs identisch mit dem Selbstbewußtsein und dem freien Willen des Menschen (Seele), welche zur menschlichen Wesensverfassung gehören. Diese Momente des menschlichen Selbstvollzugs in der menschlichen Natur sind dauernd durch die „Hypostase" getragen. In seinem aktuellen Bewußtsein verinnerlicht sich der Mensch aber den Seinsakt, durch den er von Gott her existiert. Er weiß sich darin dauernd auch auf Gott bezogen und von ihm herkommend, und er *glaubt* sich so als Geschöpf Gottes, den er im analogen Sinn seinen Vater, d.h. seinen Schöpfer, nennen kann. Auch das kreatürliche Selbstbewußtsein Jesu und seine Freiheit entfalten sich lebensgeschichtlich im Glauben und vertrauenden Bezug auf seine Subsistenz, die aber von unserer Existenzweise darin unterschieden ist, daß er unmittelbar aus Gott existiert und er unmittelbar in seinem Selbstvollzug in Bewußtsein und Handeln auf Gott als „Vater“ bezogen ist.

In der Schöpfungsordnung, wie sie uns in der Heiligen Schrift begegnet, sind nun die menschlichen Eltern konkret als vermittelnde Zweitursache in den Schöpfungsakt einbezogen, der die subsistierende Existenz verleiht. Sie stellen keineswegs einfach nur in einem materiellen Sinne den Leib bereit, in den dann eine bereits vorgefertigte, von Gott eigens geschaffene Person einzieht. Das vermittelnde Geschehen der menschlichen Zeugung ist durchaus personbildend. Die traditionelle Redeweise von der unmittelbaren Erschaffung der Geistseele durch Gott meint zwar das Richtige, wenn sie an den von Gott verliehenen Subsistenzakt denkt, der durch die elterliche Zeugung vermittelt wird. Aber die Ausdrucksweise ist äußerst mißverständlich, da sie vor dem gedanklichen Hintergrund eines Leib-Seele-Dualismus so aufgefaßt werden kann, daß die Eltern nur einen Leib zeugen, während Gott unabhängig davon eine geschaffene Seele eingießt und diese beiden Aktionen nur im Sinn einer prästabilierten Harmonie aufeinander bezogen sind. Vielmehr ist das Tun der Eltern selbst ermächtigt, den von Gott getragenen Schöpfungsakt unter den raum-zeitlichen Bedingungen der Schöpfung zu realisieren.

Wahrscheinlich ist dies auch die tiefere Ahnung in vielen Religionen, daß die elterliche Zeugung irgend etwas mit der göttlichen Welt zu tun hat, weshalb in der ganzen Bandbreite von grobsinnlichen bis zu subtilen Vorstellungen Gott oder die Götter bei der Zeugung beteiligt gedacht werden. Durch das ganz eigene biblische Gottesbild ergibt sich jedoch ein gänzlich veränderter Verstehensrahmen. Theologisch gesehen ist die elterliche Zeugung die kreatürliche Vermittlung des göttlichen Schöpfungsaktes, d.h. ein Zeichen, das die Kraft hat zu bewirken, was es bezeichnet, und damit ist die elterliche Zeugung das Realsymbol des Schöpfungsaktes eines personalen Menschen. (Empirisch ist freilich der göttliche Schöpfungsakt nicht nachweisbar, aber im Sinne einer transzendentalen Reflexion auf die Möglichkeitsbedingungen geistig-personalen Seins logisch aufzuhellen.) Dies bedeutet nun aber auch, daß Gott durch einen in natürlicher Zeugung entstandenen und von ihm geschaffenen

Menschen sich selbst in seiner unmittelbaren Wirklichkeit nicht vergegenwärtigen kann, weil der geschaffene Akt, durch den der Mensch existiert, ihn als Geschöpf auch noch einmal radikal von Gott unterscheidet. Eine menschliche Natur kann nur dann die Vergegenwärtigung Gottes in der Geschichte sein, wenn sie unmittelbar durch den Akt existiert, durch den Gott Gott ist, in dem er sich auch selbst geschichtlich mitteilen will. Andernfalls gäbe es in Jesus zwei Subsistenzakte, indem er einmal unmittelbar durch Gott existiert und zum anderen indem er durch einen geschaffenen Subsistenzakt existiert, durch den er von Gott radikal getrennt wird.[66] In diesem Sinn könnte Jesus von Gott nur im Sinne eines Propheten erwählt werden und letztlich im adoptianischen Sinne „Sohn Gottes" heißen. Darum kann die absolute Differenz von Schöpfer und Geschöpf nur überwunden werden, wenn Gott selbst der Subsistenzakt Jesu ist, ohne daß seine menschliche Natur substantiell vergottet wird oder Gott sich in eine Kreatur verwandeln soll. Die beiden Naturen werden nicht durch sich, sondern durch den verschiedenen Bezug zum Logos, d.h. durch eine ewige und eine zeitliche Relation, auseinandergehalten und als verschiedene aufeinander bezogen.

Will eine Christologie sich nun zu dem unfaßbaren Ereignis der geschichtlich-eschatologischen Selbstmitteilung Gottes im Menschen Jesus bekennen, dann muß sie auch sagen:

Die menschliche Natur Jesu entsteht nicht durch den von der elterlichen Zeugung vermittelten Schöpfungsakt Gottes, wodurch der Mensch in ein von Gott radikal verschiedenes Sein gerufen wird, wenn er darin auch noch einmal radikal auf ihn bezogen ist. Die menschliche Wirklichkeit Jesu im ganzen Umfang der menschlichen Natur entsteht vielmehr im Akt des Willens Gottes, sich selbst

[66] Vgl. *Thomas v. Aquin,* S. th. III q. 33 a. 3: „Deus assumpsit sibi id quod est hominis; non autem praeexistit id quod est hominis quasi per se subsistens, antequam susciperetur a Verbo. Si autem caro Christi fuisset concepta antequam susciperetur a Verbo, habuisset aliquando aliquam hypostasim praeter hypostasim Verbi Dei. Quod est contra rationem incarnationis, secundum quam ponimus Verbum Dei esse unitum humanae naturae, et omnibus partibus eius, in unitate hypostasis; nec fuit conveniens quod hypostasim praeexistentem humanae naturae, vel alicuius partis eius, Verbum Dei sua assumptione destrueret. Et ideo contra fidem est dicere, quod caro Christi prius fuerit concepta, et postmodum assumpta a Verbo Dei."

geschichtlich zu vergegenwärtigen. Sie subsistiert unmittelbar durch Gott selbst.

Auf dem Hintergrund einer sich dann entfaltenden Trinitätstheologie kann man nun von hier aus vielleicht noch besser sagen: Die menschliche Natur Jesu existiert durch das Sein des Logos in der ihn konstituierenden Relation zum Vater. Die elterliche Zeugung ist innerhalb einer Pneumachristologie wie dann auch in einer Inkarnationstheologie sachlich ausgeschlossen, weil sonst die Menschheit zweifach subsistieren würde, einmal durch Gott selbst und dann durch einen von ihm radikal verschiedenen allgemeinen Schöpfungsakt. Die menschliche Natur Jesu ist nur insofern geschaffen, als sie im Akt der Annahme, d.h. der inneren Zueigennahme und Selbstaussage Gottes in die Welt hinein besteht (und als solche mit Gottes Wesen nicht vermischt ist). Sie entsteht, besteht und wirkt im Akt des Willens Gottes, sich selber im Medium des Menschlichen mitzuteilen und zu vergegenwärtigen. Obwohl nun die elterliche Zeugung (in dem notwendigen Zusammenwirken des männlichen und weiblichen Prinzips) nicht zum Zuge kommt, so ist doch der Mensch auch in der Menschwerdung Gottes engagiert, weil Gott *aus* dem Menschen das Menschsein annehmen will, um so uns Menschen gleich zu werden. Die Analogie zur Schöpfung wird zu Recht gesehen. Der Bezug ist jedoch allein auf den Schöpfungsakt, nicht jedoch auf das Was-Sein des so Geschaffenen gegeben.

Hier ist nun aber auch von der Jungfrau Maria die Rede. Sie ist insofern Jungfrau, als sie nicht durch sich selber einen Menschen hervorbringen kann. Aber sie muß Mutter sein, weil nur durch das Empfangen-, Getragen-, Genährt- und Geborenwerden als Kind die Konnaturalität Jesu mit uns Menschen von Anfang an begründet werden kann. Deshalb gehört zur existenzbestimmenden Mitte Marias im Bezug auf Gott die innerlich zusammenhängende Personalbestimmung als „Jungfrau *und* Mutter". Entscheidend für das Verständnis der Aufgabe Marias dürfte es sein, daß zuvor schon jeder mögliche Leib-Seele-Dualismus und damit eine Isolierung von biologischen und theologischen Aussagen überwunden wird. Maria ist selbst vor Gott Person, die sich aufgrund ihrer Erwählung und im Sinne der ihr zugedachten Aufgabe menschlich-fraulich verwirklicht. Darum wird sie nicht zuerst auf einer isoliert gedachten biologischen Ebene engagiert, sozusagen als eine Leihmutter. Sie empfängt vielmehr den sich in seinem Wort vergegenwärtigenden Gott in der Perspektive ihres personalen Glaubens. Aus der inneren Mitte ihres antwortenden Glaubens nimmt Gott in Maria, d. h. in ihrer personal-wirklichen Leibhaftigkeit, das Menschsein an. Aus der inneren Tiefe ihres personalen Glaubens ereignet sich ihr Mutterwerden in ihre Leiblichkeit hinein und nicht umgekehrt. So ist sie die Mutter des Herrn durch ihren vom Heiligen Geist gewirkten Glauben. Eine abgetrennte biologische Verifikation des göttlichen Schöpfungswirkens ist nicht möglich und auch nicht einzufordern. Im theologischen und anthropologischen Sinn kann übrigens die Unvergleichbarkeit ihrer Empfängnis nicht „unnatürlich" genannt werden. Umgekehrt wäre es gerade gegen die Natur des natürlichen Zeugungsaktes, mit dem wesentlich die personbildende kreatürliche Subsistenz mitgegeben ist, wenn Gott aus ihm ein materielles Substrat hervorgehen ließe, dem er seine eigene Subsistenz „unterschiebt".

So können wir abschließend die geistgewirkte Lebensentstehung Jesu als ein nur im Glauben aufzufassendes Ereignis von Gott her begreifen, das sich in der jungfräulichen Mutterschaft Marias das *Realsymbol* seiner geschichtlichen Selbstvermittlung im Menschsein Jesu schafft.

Am Ende dieser schwierigen Überlegungen zu einem komplexen Sachverhalt ist zu sagen, daß sie das Mysterium der Menschwerdung Gottes nicht auflösen und deshalb auch denjenigen nicht überzeugen können, der im Grunde immer schon eine Adoptionschristologie vertritt oder der die ganze Dogmenentwicklung der Christologie als ein langsames Hochsteigern eines eindrucksvollen Propheten in göttliche Höhen begreift. Wer sich aber dem absolut Neuen und menschlich Unerrechenbaren des wirklichen Kommens des transzendenten Gottes in unsere Welt nicht verschließt, wer wirklich zu ermessen versucht, was Selbstmitteilung Gottes im Menschen Jesus bedeutet, dem mögen die vorgelegten Gedankengänge eine Hilfe für sein Glaubensverständnis sein. Das Wunder der Empfängnis des Menschen Jesus aus der Jungfrau Maria ist ein implizites Moment am umfassenderen Ereignis und Wunder der Gegenwart Gottes im Menschen

Jesus, den die Gemeinde als ihren Messias bekennt. Es ist allerdings das Wunder, in dem ein Mensch, Maria, befähigt wurde, in der Tat „Gott zur Welt zu bringen".

Abschließend können wir mit Karl Rahner sagen: „Wie immer jemand über die biologische Wirklichkeit des Werdens Jesu denken sollte, wenn er genau und dabei von Jesus rechtgläubig denkt und wenn er nicht übersieht, daß Gebären und Geborenwerden zwei Aspekte desselben Vorganges sind, dann muß ein solcher auf jeden Fall sagen: bei aller echten Menschlichkeit der Menschwerdung Jesu ist er anders geworden, als wir werden. Denn Werden ist von dem her zu bestimmen, was das Ergebnis des Werdens ist. Es besteht eine absolute Korrelation zwischen der adäquaten Eigentümlichkeit des Gewordenen und des Werdens selbst. Durch dasselbe Werden können nicht zwei ganz verschiedene Gewordene entstehen. Und wenn die Gewordenen verschieden sind, dann ist eben auch ihr Werden verschieden. Deshalb muß man notwendigerweise sagen: bei aller echten Menschlichkeit des Werdens Jesu ist er auf andere Weise geworden als wir. Ist Jesus der Gottessohn, dann ist sein Werden selber gottmenschlich, während unseres menschlich ist. Es kann hier nun nicht der augustinische Satz interpretiert werden: Assumendo creatur, d.h. der Akt der Annahme der Selbstaussage Gottes, die die menschliche Wirklichkeit Jesu ist, hat als ein inneres Moment das Werden der menschlichen Wirklichkeit Jesu bei sich, sofern dieses Werden die schöpferische Tat Gottes ist. Dieses ist von daher gewiß anders als unseres. Es bedeutet einen schöpferischen Neuanfang aus der ursprünglichen Initiative Gottes und nicht die einfache Fortsetzung der Geschichte aus den Mitteln der Welt." [67]

---

[67] *K. Rahner,* Dogmatische Bemerkungen zur Jungfrauengeburt: *R. Kilian* u.a., Zum Thema Jungfrauengeburt, Stuttgart 1970, 141.

II. Die virginitas in partu

1. Vorüberlegungen zur Geschichtlichkeit der Offenbarungserkenntnis

Die seit Beginn des 4. Jahrhunderts in verschiedenen Variationen begegnende Dreierformel von der Jungfräulichkeit Marias vor, in und nach der Geburt (semper virgo/ Aeiparthenos), die bis zum 6. Jahrhundert hin allgemein kirchlich rezipiert wurde, bedarf einer differenzierten Betrachtung. Die virginitas ante partum ist eine streng christologische Aussage und hat ein unvergleichlich größeres Gewicht gegenüber den beiden anderen Teilaussagen. Theologisch-methodisch ist sie leichter zugänglich, da sie eindeutig aus der Heiligen Schrift zu erweisen ist. Die beiden anderen Teilaussagen stellen Schlußfolgerungen des Glaubenssinnes der Kirche dar (sensus fidelium), die jedoch selbst eine Grundlage in der Offenbarung haben müssen. Jedoch haben diese Entwicklungen zu mehr mariologisch akzentuierten Aussagen nur ein Recht, wenn das im Glauben gesprochene Ja-Wort Marias zur gottgewirkten Empfängnis Jesu eine geschichtliche Grundlage besitzt. Gemeint ist jedoch nicht, daß die lukanische Verkündigungsszene als die naturalistische Reportage eines gegenständlich-anschaulichen Vorganges aufgefaßt werden müßte. Im Sinne einer geschichtlich-transzendentalen Auslegung ist jedoch gefordert, daß der individuelle und geschichtliche Mensch Maria, vermittelt in einem kreatürlichen Erkenntnisbild, wirklich von Gottes Wort angesprochen wurde, so daß sie in diesem Sinn das Ja-Wort zur Menschwerdung Jesu, des „Gottessohnes", sagen konnte und es auch frei wollte. Dadurch besteht ihre Existenz und ihre ganze Geschichte in einer besonderen Beziehung zu Jesus und damit zu Gott. Dieses ist nun die Voraussetzung dafür, daß man von der Jungfräulichkeit der Mutter Jesu nicht nur hinsichtlich eines geschlechtlichen Umgangs mit einem Mann und der Befruchtung durch einen materiellen Samen sprechen konnte, sondern daß die sie prägende Korrelation zu Gott im Glauben auch auf das Heilsereignis der Geburt Jesu bezogen werden mußte. Der innere Zusammenhang von Empfängnis, Schwangerschaft und Geburt ist nicht ein rein biologischer Vorgang, der mit dem geist-leiblich verfaßten Menschen an sich gar nichts zu tun hätte. Insofern man anthropologisch richtig die geistig-materielle Integrität dieses Vorganges begreift, muß man auch sagen, daß Maria, die als Jungfrau empfangen hat, auch als Jungfrau gebiert. Und so ist die Geburt Jesu vom Gedanken der Jungfräulichkeit und der Mutterschaft her auszulegen. Die Väter sahen dies von dem Ausdruck des Glaubensbekenntnisses „natus ex virgine" her ebenso begründet wie von Jes 7,14 LXX, wo es heißt, daß die Jungfrau empfangen *und* gebären wird.

Auf die Schwierigkeit, hinsichtlich des Geburtsvorganges zugleich von Jungfräulichkeit und wirklicher Mutterschaft zu sprechen ohne doketische und gnostische Abschwächungen, wird noch näher einzugehen sein. Auf jeden Fall kann gesagt werden, daß die Väter die Jungfräulichkeit Marias in der Geburt als eine notwendige Konsequenz aus der Jungfräulichkeit in der Empfängnis betrachteten im Sinne einer Konsequenz als Ableitung aus dem konstitutiven Ereignis der Jungfräulichkeit, die sich durch Gottes Offenbarungswillen und die persönliche Übernahme seitens Marias ergibt. Den Ansatz zu einer Lehre von der Jungfräulichkeit Marias nach der Geburt in ihrem ganzen Leben ergab sich aus der Betrachtung des Charakters des Ja-Wortes Marias.[68] Bei der Entfaltung dieser Lehre spielt gewiß die Hochschätzung des asketischen und jungfräulichen Lebens eine große Rolle; dennoch darf man diesen Faktor nicht als den allein maßgeblichen ansetzen. Von seinem Wesen her ist das christliche jungfräuliche Lebensideal keine Geschlechtsabwertung oder gar

[68] Es ist zu beachten, daß die Betonung der bleibenden Jungfräulichkeit Marias bei den Vätern sich zunächst auf die Geburt Jesu selber bezieht. Erst in einem weiteren Gedankenschritt wird zudem die Jungfräulichkeit Marias während ihres Ehelebens mit Josef auch nach der Geburt Jesu einbezogen.

Leibfeindlichkeit, wie es in grob vereinfachenden Darstellungen der patristischen Entwicklung gelegentlich erscheint. Das schließt nicht aus, daß es auch einen falschen Zungenschlag in der Begründung der Ehelosigkeit um des Himmelreiches willen (vgl. Mt 19,11 f.) bzw. um der „Sache des Herrn willen" (1 Kor 7,32) gegeben hat.

Die Ausbildung der Lehre von der Jungfräulichkeit Marias in und nach der Geburt wäre aber allein vom Jungfräulichkeitsideal her nicht möglich gewesen, wenn nicht entscheidend die christologische Entwicklung das Bewußtsein der Alten Kirche geprägt hätte. Gerade um der Christologie willen kommt es ansatzweise zu einer Ausbildung des mariologischen Themas. Die Hauptfrage der Christologie besteht, nachdem die Integrität der göttlichen und der menschlichen Natur feststeht, in der Frage der Einigung. Die Antwort, daß die Hypostase des Logos das Prinzip der Einigung ist, bedeutet nun auch, daß das absolute Subjekt, das Maria geboren hat, nicht ein bloßer Mensch in kreatürlicher Subsistenz war, sondern daß sie den inkarnierten Gott-Logos empfangen, in ihrer Schwangerschaft getragen und auch geboren hat.

Maria selbst ist in diesem Vorgang nicht eine biologische Durchgangsstation, sondern selber geprägt als Person von ihrer personalen Beziehung zum inkarnierten Logos. Darum ist die Lehre von der hypostatischen Union mit der Aussage von Maria als Gottesgebärerin (Theotokos) verbunden und in ihrem Lichte auch zur Sprache zu bringen. Es ergibt sich von ihr her die mariologische Zentralaussage von Maria als jungfräulicher Gottesmutter. Maria ist nicht ein physikalisches, sondern ein personales Instrument, und dies war auch der Grund für die Aufnahme des Theotokos-Titels in Ephesus (431) und Chalzedon (451). Diese Zentralaussage ist nun auch das Fundamentalprinzip der mariologischen Entwicklung und das entscheidende Bewegungsmoment für die nun mächtig anwachsende Marienverehrung in Ost und West gewesen.

Von dem Ursprung des Theotokos-Titels in der Christologie zeigt sich auch, daß die Marienverehrung in ihrem theologischen Ursprung wenig mit der Übertragung von heidnischen Vorstellungen von Erdmutter-Gottheiten oder Götter-Müttern zu tun hat.[69] Der Begriff „Mutter Jesu“ ist biblischen Ursprungs. Erst in Verbindung mit dem Theotokos-Gedanken nimmt er den Sinn von Mutter Gottes an, eben weil Jesus, der Herr, wahrer Gott ist. Ein Bezug zur Idee der Mutter-Gottheiten ist ausgeschlossen. Die Entwicklung der Mariologie war aber nicht nur Sache allein der gelehrten Theologie und einer fachexegetischen Schriftbetrachtung. Das sich ausbildende Glaubensbewußtsein der Kirche wirkt auch auf den Selbstvollzug der Kirche hin in ihrem Bekennen, Glauben und Beten. Von daher wird umgekehrt wieder der Glaubenssinn des Gottesvolkes gebildet. Das sich formierende Glaubensbewußtsein weiß sich insofern auf die Schrift bezogen, als das mariologische Grundprinzip in ihr verankert erscheint. Die exegetischen Fragen um die „Brüder und Schwestern Jesu“ werden gesehen, jedoch in diesem Licht als sekundär empfunden und als behebbar angenommen. Die einzelnen biblischen Stellen hierzu sind schon ausführlich in der Alten Kirche behandelt worden, besonders in der Auseinandersetzung des heiligen Hieronymus mit Jovinian und Helvidius.[70] Die rein historische Frage, ob Maria nach der Geburt Jesu weitere Kinder geboren hat, ist bis heute über die damals schon ausgetauschten Argumente und Gegenargumente nicht hinausgekommen. Wie die Kirche dennoch zu einem festen Glaubensbewußtsein von der virginitas post partum gelangt ist ohne die moralische Gewißheit einer historischen Verifikation dieser Lehre, ist das Problem einer theologischen Erkenntnislehre, denn hier muß grundsätzlich das Verhältnis von Offenbarung und menschlichem Verstehen, von Gotteswort und Kirche, Schrift und Tradition und kirchlicher Bekenntnisbildung bedacht werden.

Bei den anstehenden Fragen der Jungfräulichkeit Marias in der Geburt und nach der Geburt kann es in diesem Zusammenhang aber nicht um physiologische Details oder bloße historische Fakten gehen, denn in diesem Sinne könnte der Glaube in einer rein profanen Frage nach Fakten nichts entscheiden. Die Gewißheit der Kirche in der Bekenntnisbildung hängt bei den einzelnen Lehraussagen auch wesentlich von der religiösen Be-

---

[69] *Th. Klauser,* Art. Gottesgebärerin: RAC 11, 1071–1103.

[70] Vgl. *G. Söll,* Mariologie = HDG III/4, Freiburg–Basel–Wien 1978, 75.78f.

deutung ab, die sie enthalten. Die religiöse Relevanz der Lehre von der Jungfräulichkeit Marias in und nach der Geburt ist so aber auch umgekehrt ein Schlüssel zur theologischen Interpretation. Gewiß handelt es sich hier, will man die Bekenntnisaussagen näherhin klassifizieren, nicht um konstitutive Heilswahrheiten, sondern um illustrative Aussagen. Ihnen fällt die Aufgabe zu, die konstitutiven Aussagen zu verdeutlichen, das allgemeine Glaubensbewußtsein zu bereichern, indem die Fülle des Heilshandelns Gottes im menschlichen Leben anschaulich wird, und dem religiösen Selbstvollzug der Kirche in Liturgie und Frömmigkeit (Marienverehrung) den Horizont vorzugeben.

Wie aber kann es über die Schrift hinaus, die immer als die Grundlage aller Bekenntnisbildung angesehen wird, Explikationen geben, die nicht in ausgesprochener Deutlichkeit in der Schrift enthalten sind?

Dies hängt mit dem Wesen einer geschichtlichen Offenbarung zusammen. Darin erweist sich die Mariologie nur als ein Spezialfall einer allgemeinen Dogmenentwicklung, die zum Wesen der geschichtlichen Offenbarung hinzugehört. Die Schrift enthält keine Summe von einzelnen vom Himmel herunter durchgegebenen Offenbarungssätzen. Sie stellt aber auch nicht immanentistisch nur die Spiegelung religiös-mythischer Gefühlszustände dar. Die Offenbarung Gottes in Jesus Christus ist zu verstehen im strengen Sinne des Wortes als ein gott-menschliches Ereignis. Das heilswirksame Handeln Gottes und das Wort seiner Selbstmitteilung sind immer nur in der Gestalt des Menschlichen gegenwärtig und niemals ohne sie. Die menschliche Aufnahme und die reflektierende Umsetzung des Wortes Gottes in menschliches Verstehen und Begreifen ist der Struktur des Menschen gemäß notwendig geschichtlich verfaßt. Der menschliche Geist ist aber auch so konzipiert, daß er den absoluten Anspruch der Wahrheit in der Einmaligkeit des geschichtlichen Ereignisses in der Tat aufnehmen kann, d.h., daß er den in Christus ergangenen eschatologischen Anspruch Gottes rezipieren und sich definitiv zu ihm zu entscheiden vermag. Zugleich bedarf es der zeitlichen Erstrekkung des sozialen Resonanzraumes, damit alle Implikationen und subtileren Zusammenhänge reflex ins Bewußtsein treten können. Dieser Vorgang geschieht jedoch nicht nur in einer ungestörten und harmonischen Evolution nach dem Bild organischer Entwicklung. Zu ihm gehören auch die sich notwendig ergebenden Auseinandersetzungen, die zum geistigen Leben und damit auch zum Glaubensleben gehören. Die Dogmenentwicklung hat darum auch agonalen Charakter (vgl. 1 Kor 11,19).

Der Glaubende steht also vor dem Gott der Offenbarung in der Spannung zwischen der Einmaligkeit des Christusereignisses und dessen Entfaltung in der Glaubensgeschichte. In der theologischen Erkenntnislehre wird dies in der Verhältnisbestimmung von Schrift und Tradition bedacht. Sie stehen jeweils für das Prinzip der Einmaligkeit und für das Prinzip der Entwicklung des Einmaligen. Die Entwicklung führt freilich nicht inhaltlich über die einmalige und unwiederholbare geschichtliche Offenbarung hinaus, die in Christus vollendet („abgeschlossen") ist. Sie entwickelt vielmehr den Inhalt dieser Offenbarung zu sich selbst in der Form eines reflektierenden Bewußtseins, das sich in seinem Grund selbst einholt. Diese Entwicklung ist notwendig, denn eine geschichtliche Offenbarung kann gerade nur in der Gestalt der in der Geschichte sich entfaltenden Glaubensantwort sie selbst bleiben. Wichtig ist nun: Die geschichtliche Trägerin des Glaubens ist die Kirche als ganze. Sie trägt das Prinzip der Definitivität der Offenbarung in sich. Sie bezieht sich in diesem Sinn auf die Schrift zurück als dem Zeugnis ihres Glaubens in ihrer ersten grundlegenden Phase, nämlich der apostolischen Ur-Kirche. Sie entwickelt in ihrem Geist aber auch die neuen Ausdrucksformen des Glaubensinhalts. Die Kirche kann das aber nur, wenn sie in beiden Funktionen des geschichtlichen Rückgriffs und des eschatologischen Vorgriffs auf die Wahrheit Geschöpf des Heiligen Geistes ist. Wir können darum keineswegs die Schrift von der Kirche isolieren. Das ist schon rein im Blick auf die Entstehung der Schrift unmöglich. Sie ist in ihren Einzelteilen Niederschlag des Glaubens der frühen Kirche und deshalb auch immer geschichtlich-transzendental auszulegen. Da sie im Kanon zusammengefaßt wird als das inspirierte Wort Gottes, anerkannt und ihrem Inhalt nach zur Norm der Dogmenentwicklung erklärt wurde, erweist sie sich selbst noch einmal als Werk des sich entfaltenden Glaubensbewußtseins der Kirche.

Man kann also nicht mit rein profanwissenschaftlichen Methoden erst den Offenbarungssinn erheben wollen und dann mechanisch mit einem späteren Stadium der Entwicklung vergleichen. Man kann die Dogmenentwicklung auch nicht in dem beliebten Bild von „Kern und Schale" begreifen. Es geht nicht um einen unveränderlichen, fixierbaren Kern, um den sich alle möglichen geschichtlichen Variationen ranken. Vielmehr gehört die Geschichtlichkeit als innere Dimension schon zur Selbstvergegenwärtigung der eschatologischen Offenbarung. Theologisch muß darum im übergreifenden Zusammenhang dieser geschichtlichen Auffassung der Offenbarung der dynamische Zusammenhang von Schrift und Tradition, von Glaubensbekenntnis der Kirche und transzendentem Geistwirken erkannt werden.

Innerhalb einer theologisch aufzufassenden Schriftexegese hat die historische Methode als Teilelement den Sinn, den Literalsinn der Schriftstellen zu erheben und die Aussageabsicht der Verfasser deutlich zu machen. Eine isoliert angewendete historische Methode wird nicht den Glauben als solchen rekonstruieren können. Sie kann dem Glauben nur helfen, sich mit dem Stadium seiner ursprünglichen Manifestation in der Urkirche zu vermitteln. Sich auf die Heilige Schrift beziehen, darf nicht dazu verleiten, sich einer reinen Immanenz von Literatur-Interpretation zu verpflichten, denn schon die biblischen Schriftsteller verstehen sich nicht als Profanhistoriker und Schöpfer von profaner Literatur. Sie wollen uns im Glaubenslicht, das vom Heiligen Geist geschenkt wird, auf das geschichtliche Ereignis Christi beziehen. Der Struktur der neutestamentlichen Schriften nach kann es darum nur eine geschichtlich-theologische Auslegung geben nicht *nach* der Exegese, die den Stab an die Systematik weiterreichen würde, sondern schon als Exegese.[71] Aber es gibt auch eine Selbsttranszendenz der Schrift von ihrer literarischen Konzeption auf den angezielten Inhalt, weil der Glaube überhaupt nicht eine intellektuelle Beschäftigung mit sich selbst ist, sondern eine Erkenntnis des Geheimnisses Gottes und Jesu Christi. Jede Reflexion des Glaubens hat darum nur den Sinn,

[71] Vgl. *F. Courth,* Historisch oder theologisch – eine falsche Alternative: ThGl 68 (1978) 283–296.

um so entschiedener sich mittels der Heiligen Schrift auf das Mysterium des Wortes Gottes beziehen zu lassen.

Eine besondere Problematik der Exegese und Dogmengeschichte besteht darin, daß auch der intellektuell redliche Wissenschaftler, der seine eigenen erkenntnistheoretischen, kulturell bedingten Verstehensvoraussetzungen kritisiert, in seiner Fragerichtung bestimmt bleibt von den Problemstellungen einer bestimmten Zeit und von den gegenwärtigen Plausibilitätsstrukturen. Bei der Beachtung der frühen mariologischen Bekenntnisentwicklung fließt darum auch immer der konfessionelle Standpunkt ein. Der katholische Dogmengeschichtler wird leicht zu einer Überinterpretation der Quellen neigen, wie umgekehrt der protestantische zu einer Minimalisierung der Aussagen verleitet wird. Die historisch-kritische Fragestellung, wie sie seit der Aufklärung die Geschichtswissenschaft und auch die Theologie beherrscht, verführt gelegentlich zu einer überheblichen Haltung gegenüber der typologischen Exegese der Väter und ihrer Sicht des inneren Zusammenhangs von Offenbarung und kirchlich-konziliarer Lehrentwicklung. Die Theologie der Kirchenväter ist aber von ihren eigenen Voraussetzungen her zu erfassen und zu klären.

Die Aussagen der Väter auch zur Mariologie und ihre Rezeption im Glaubensbekenntnis der Kirche (Symbolum und Dogma) sind nicht mit den Methoden der gegenwärtigen Exegese gewonnen worden. Den frühen Vätern des 2. und 3. Jahrhunderts lag außer dem Alten Testament nicht ein fertiges Neues Testament als historisch-literarisches Forschungsobjekt vor. Wenn es auch schon einen festen Bestand als apostolisch geltender Schriften gab, so war ihre unmittelbare Quelle doch der aktuelle Glaube der Kirche. Dieser drückte sich auch aus im Taufbekenntnis, in der Katechese, in der Liturgie und der Spiritualität. Erst im 3. Jahrhundert können wir hinsichtlich des Neuen Testamentes von einem sich langsam ausbildenden Schriftprinzip im späteren Sinne des Wortes sprechen. Dieses wurde freilich nicht im Gegensatz zu dem Prinzip der Auslegungs- und Glaubenstradition der Kirche gesehen, sondern gerade in seiner inneren Verbindung mit ihr. Damit kam aber auch dem Einfluß des Glaubenssinns des Gottesvolkes auf die Bekenntnisbildung und die endgültige Rezeption durch die Bischöfe und die Konzilien ein entscheidendes Gewicht zu. Der Heilige Geist als Lebensprinzip der Kirche war darum in diesem Verständnis nicht nur einmalig am Beginn der Kirche bei der Ausbildung der Schrift lebendig, um ihre Auslegung einer rein profanen Vernunft zu überlassen, sondern der Heilige Geist bleibt selber das Prinzip der Einheit von Offenbarung, Schrift und Kirche und damit auch der Garant der reflexiven Glaubensentwicklung, sofern sie von der Kirche definitiv rezipiert wird. Die definitive Rezeption der Lehrentwicklung im Glaubensbekenntnis ist das kreatürliche Medium des transzendenten Wirkens des Heiligen Geistes.

2. Die theologische Bedeutung der virginitas in partu

Die Daten der Dogmengeschichte zu dieser Lehre sind bekannt und brauchen hier im einzelnen nicht entwickelt zu werden.[72] Einige Elemente seien aber doch kurz angesprochen. Zum ersten Mal wird die Lehre von einer virginitas in partu und wohl auch post partum im Protoevangelium des Jakobus um die Mitte des 2. Jahrhunderts vertreten. Wenn diese Schrift auch zu den Apokryphen gerechnet wird, so gilt es dennoch zu unterscheiden zwischen häretischen Apokryphen und solchen in den Gemeinden umlaufenden Schriften, die zwar nicht kanonische Geltung erlangten, aber in der Form religiöser Erbauungsliteratur zum ersten aktuelle Vorstellungen in der Kirche zum Ausdruck brachten und zum andern einen Einfluß hatten auf das sich entwickelnde Glaubensbewußtsein der Gläubigen und gerade auch der Theologen. Es geht hier im Anschluß an das Matthäus- und das Lukasevangelium um die Jungfräulichkeit Marias im vollen Sinn des Wortes. Hinsichtlich der virginitas in partu handelt es sich um den Gedanken der Schmerzlosigkeit bei der Geburt und der Wiederverschließung des Schoßes Marias nach der Geburt.[73]

---

[72] *G. Söll,* Mariologie = HDG III/4, Freiburg–Basel–Wien 1978, 24–30.33.38.46 f.52–60.67.74.81.105–110.

[73] Unter dem Stichwort „apertio vulvae" wurde hier vor allem die Stelle Lk 2,23 diskutiert (Jede männliche Erstgeburt soll dem Herrn geweiht sein) in Verbindung mit Ex 13,12 (Erkläre alle Erstgeburt als mir geheiligt. Alles, was bei den Israeliten den Mutterschoß durchbricht, bei Mensch und bei Tier, gehört mir).

Hier ist auch der Ansatz für den Gedanken gegeben, daß Maria nach der Geburt Jesu keine weiteren Kinder mehr hatte. Die in der Schrift begegnenden „Brüder und Schwestern Jesu" werden als Kinder Josefs aus erster Ehe bezeichnet, während später Hieronymus die Deutung als Vettern Jesu vorträgt. Gegenüber der judaisierenden und gnostisch-dualistischen Richtung mußte die Realität der Menschwerdung Christi festgehalten werden. Von daher stellte sich die Aufgabe, die Jungfräulichkeit Marias in der Geburt so zu konzipieren, daß sie die Natürlichkeit der Geburt nicht ausschloß und die echte Mutterschaft Marias gegenüber Christus nicht beeinträchtigte. Bei Tertullian finden wir eine scharfe Wendung gegen jede Vorstellung einer Scheingeburt, d.h. eines bloßen Hindurchgangs des himmlischen Erlöserkindes *durch* Maria im Gegensatz zur Annahme des leibhaftigen Menschseins *aus* Maria.[74] Schon bald heißt es in den Glaubensbekenntnissen, daß Christus nicht *durch* Maria (hindurch), sondern *aus* Maria empfangen und geboren wurde. Alle großen Theologen des 3., 4. und 5. Jahrhunderts vertreten die Jungfräulichkeit Marias in und nach der Geburt und damit ihre immerwährende Jungfräulichkeit (Clemens von Alexandrien, Origenes, Ephräm der Syrer, Athanasius, Basilius der Große, Gregor von Nyssa, Gregor von Nazianz, Zeno von Verona, Cyrill von Jerusalem). Epiphanius von Salamis verteidigt die immerwährende Jungfräulichkeit Marias gegen die häretische Sekte der Antidikomarianiten.[75] Im Sinne der immerwährenden Jungfräulichkeit Marias erklärten sich auch Ambrosius von Mailand,[76] Augustinus[77] und Hieronymus in der Auseinandersetzung mit Jovinian[78]

---

[74] Der oft angezogene Text bei *Tertullian,* De carne Christi 23 (CCL 2, 914: „Peperit enim, quae ex sua carne, et non peperit, quae non ex viri semine, et viro quantum a viro, non virgo quantum a partu.") spricht keineswegs gegen eine theologisch abgeklärte Lehre von der virginitas in partu, sondern seiner Intention nach gegen ein doketisches Mißverständnis der Geburt Christi. Die gleiche Vorsicht ist auch in der Frage geboten, ob *Tertullian,* De monogamia 8 (CCL 2, 1239) und De virginibus velandis (CCL 2, 1216) die virginitas post partum ignoriert.

[75] *Epiphanius v. Salamis,* Panarion III, haeres. 78 u. 79 (GCS 37,452–485).

[76] *Ambrosius,* De inst. virg. 8,52 (PL 16,1320); Ep. 42,4f. (PL 16,1173).

[77] *Augustinus,* Ep. 137, 2, 8 (CSEL 44, 107); De haeres. 82 (CCL 46,337: „Virginitatem Mariae destruebat [h. e. Jovinianus] dicens eam in pariendo fuisse corruptam"); vgl. *Isidor v. Sevilla,* Etymol. VII, 5, 46 u. 57 (BAC 433.698.700).

[78] *Hieronymus,* Adversus Jovinianum (PL 23,221–352).

und danach alle orthodoxen Väter. Die Synode von Mailand (390) unter dem Vorsitz von Ambrosius sowie eine römische Synode unter Papst Siricius I. (393) trägt die virginitas in partu offiziell als kirchliche Glaubenslehre vor.[79] Man beruft sich dabei auf den Satz des Glaubensbekenntnisses: natus ex Maria virgine. Ausdrücklich wird die virginitas in partu auch gelehrt in der Epistula Dogmatica ad Flavianum des Papstes Leo I. (DS 294) sowie dann im Canon 6 des 2. Konzils von Konstantinopel im Jahre 553 (DS 427) und schließlich auf der Lateransynode (649) unter Papst Martin I. in Canon 2–4 (DS 502–504). Die unbestrittene allgemeine Anerkennung, die die immerwährende Jungfräulichkeit Marias, besonders nach dem Konzil von Chalzedon gefunden hat und die auch die virginitas in partu einschließt, kann mit zahlreichen Hinweisen bei den Kirchenvätern sowie in der bischöflichen, päpstlichen und konziliaren Lehre belegt werden.[80]

Wenn auch die verschiedenen Zeugnisse des kirchlichen Lehramtes im einzelnen noch einmal unterschiedlich zu bewerten sind hinsichtlich ihres Gewichtes, ihres Aussagewillens und ihrer Letztverbindlichkeit, so kann doch im ganzen auch im Hinblick auf die spätere Lehrentwicklung gesagt werden, daß die virginitas in partu zum sicheren Glaubensbewußtsein der Kirche gehört und vom ordentlichen und außerordentlichen Lehramt vorgetragen wird.

Allerdings müssen wir für eine heutige Interpretation sagen, daß nicht alle Einzelelemente, welche die Tradition oder auch einzelne Theologen mit der virginitas in partu verbunden haben, deswegen auch definitiver Bestandteil der Lehre sind. Gewiß kann man auch hier nicht einfach zwischen einer geistigen und biologischen Seite eine glatte Trennungslinie ziehen. Wenn man von der Einheit in geistiger und leiblicher Existenz des Men-

---

[79] Vgl. *Ch. J. Hefele – H. Leclercq,* Histoire des conciles d'après les documents originaux II, Paris 1907, 78 ff; vgl. *J. A. Aldama,* La condenación de Joviniano en el sínodo de Roma: Eph. Mariol. 13 (Madrid 1963) 107–119.

[80] Nachweise bei *K. Rahner,* Virginitas in partu. Ein Beitrag zum Problem der Dogmenentwicklung und Überlieferung: Schriften zur Theologie IV, Einsiedeln–Zürich–Köln [5]1967, 173–205 in Auseinandersetzung mit *A. Mitterer,* Dogma und Biologie der Heiligen Familie nach dem Weltbild des Hl. Thomas von Aquin und dem der Gegenwart, Wien 1952.

schen ausgeht, ist die personale Bezeichnung der Jungfrau Maria als Mutter Christi auch so zu denken, daß sie einen leibhaftigen Ausdruck findet. Dennoch ist es schwierig, die integritas corporis der Jungfrau im Geburtsvorgang zu beschreiben. Später fragt im 9. Jahrhundert Ratramnus von Corbie zu Recht, wie von einer „Unverletztheit" der Geburtswege die Rede sein kann, wenn die Wahrheit der Mutterschaft Marias nicht in Frage gestellt wird.[81] Konkret geht es also um die Einzelelemente der Nichteröffnung der Geburtswege, der Nichtverletzung des Hymen und der nichteingetretenen Geburtsschmerzen. Diese physiologischen Einzelbestimmungen können aber in sich nicht die Substanz der Glaubensaussage sein, sondern es sind Elemente, durch die die Realität der virginitas in partu als einer nur im Glauben greifbaren Wirklichkeit bezeichnet werden soll. Allerdings besteht unter den Vätern und den späteren Theologen keine Einigkeit über den näheren Zusammenhang des gemeinten Inhaltes mit seinem Ausdruck im Körperlichen. Es kann auch hier nicht von einer isoliert biologischen Betrachtung ausgegangen werden, um nun von einem noch einmal physiologisch eingeengten Begriff von Jungfräulichkeit her apriorisch zu bestimmen, was die Personalaussage über Maria als „Jungfrau" und Gottesgebärerin heißen soll. Vielmehr ist umgekehrt von ihrer personalen Relation zu Christus, den sie ohne Mann empfangen hat, auszugehen, um von daher ihre Geburt als eine Realität der durch Christus gegebenen neuen Welt der Erlösung zu beschreiben. Mit der Betonung der realen Menschwerdung Gottes sagen die früheren Kirchenväter die Wirklichkeit der Geburt Christi und damit auch der Kreatürlichkeit des Geburtsvorganges aus. Sie verweisen im Hinblick auf die wahre Mutterschaft Marias gern auf Lukas 11,27, wo es heißt, daß selig der Leib ist, der Jesus getragen, und die Brust, die ihn genährt hat. Da nun aber auch die Geburt selbst ein geistig-

[81] *Ratramnus,* De nativitate Christi (PL 121,82) wandte sich gegen die manichäische Meinung, die Geburt Christi sei wegen des Eingangs in die Welt durch die geöffnete Gebärmutter der Jungfrau (per virginalis ianuam vulvae) etwas Schimpfliches. Vielmehr sei, so sagt Ratramnus, in der Natur nichts Beschämendes. Maria hat Christus darum ohne Beeinträchtigung ihrer Jungfräulichkeit gemäß den allgemeinen Gesetzen der Natur (partus naturalis) im wahren Sinne des Wortes „geboren" – praeter inviolatam pudorem. Vgl. *K. Vielhaber,* Art. Rat(h)ramnus: LThK² VIII, 1001 f.

personaler Vorgang ist, in dem die Mutter auch aktiv dem Kind das Leben schenkt und umgekehrt in ihrem ganzen Sein vom Kind geprägt wird (damit sie überhaupt Mutter heißen kann), muß man auch sagen, daß Maria auch in ihrer konkreten Verfaßtheit durch den von ihr geborenen Jesus, den Messias, bestimmt wird. Dieser ist kein anderer als der, den die Kirche als den Mensch gewordenen Gottessohn bekennt. Geburt ist ein Ereignis, das in allen Dimensionen nicht isoliert physiologisch oder nur in einem übertragenen geistigen Sinn gedeutet werden kann. Geburt kann als ein personaler Vorgang nur in einer umfassenden Anthropologie geklärt werden. Sie ist nicht nur ein passiver Vorgang, in dem etwas mit der Mutter geschieht, sondern ein Ereignis, in dem die Mutter selbst aktiv tätig wird. Gerade auch bei Maria muß dieser personale Vorgang noch einmal durch die Nähe Christi und durch seine Gnade geprägt sein, so daß der von ihr getragene Geburtsvorgang ganz in ihre begnadete Personalität integriert ist.

Von der für die Alte Kirche so bedeutsamen Eva-Maria-Parallele her findet man zur theologischen Aufhellung dieses Ereignisses bei den Strafworten über Eva in Gen 3, 16 die Rede von den Beschwernissen („Verletzungen"), d.h. den „Schmerzen der Frau durch die Geburt". Damit will nicht gesagt sein, daß nicht die Geburt selber ein in der Schöpfungsordnung vorgesehener und damit natürlicher Vorgang ist. Dennoch gibt es eine Differenz zwischen einer Natürlichkeit der Schöpfung, die mit Gott in der Einheit der Gnadengemeinschaft lebt, und der jetzt erfahrenen Welt in ihrer konkreten Phänomenalität des Leidens und Sterbens, die so vom Schöpfer nicht gewollt sind. Dies betrifft auch den Geburtsvorgang. So werden bestimmte Belastungen und Gefahren, die die Geburt mit sich bringt, nicht als dem Menschen gemäß erfahren. Sie werden im Zusammenhang mit der Lehre von der Erbschuld und ihren Folgen als Ausdruck der Entfremdung des Menschen von seinem Ursprung erfahren (Pönalitäten). Es gibt offenbar also auch im Akt des Gebärens (wie bei allen anderen anthropologischen Grundvollzügen) eine Differenz der Passivität der Widerfahrnis, dem die Gebärende unterworfen wird, und ihrem inneren Willen zur Aktivität, d.h. zur personalen Integration des ganzen Geschehens. Diese Differenz wird in einem anthropologischen Sinn als „Schmerz" erfahren, was jedoch nicht einfach nur ein physiologisch beschreibbares Element ist, soweit es überhaupt richtig ist, das Physiologische vom personalen Vorgang zu isolieren.

Durch ihr Ja-Wort zur Botschaft von der Entstehung der Menschheit des Erlösers ist Marias Verhältnis zu Jesus auch in der Geburt neu und anders bestimmt. Es steht schon im Horizont der neuen Heilsverheißung. Wenn hier vom Wunder der Geburt Jesu gesprochen wird, dann kann dies freilich nichts mit mirakulösen Vorgängen zu tun haben. Außerdem steht Maria – auch unter Berücksichtigung der späteren Lehre von ihrer Bewahrung vor der Erbschuld im Hinblick auf die Verdienste Christi – nur in einem infralapsarischen Weltzusammenhang. Im Hinblick auf die biblisch bezeugte Lehre von der Kreuzesnachfolge Marias (Lk 2,35; Joh 19,25) muß auch die Rede von der Bewahrung Marias vor „Schmerzen" in der Geburt in eschatologischer Perspektive interpretiert werden. Auch die Lehre vom Urstand und den negativen Folgen der Sünde kann nicht einfach empirisch-naturalistisch ausgelegt werden. Andererseits ist die Lehre von den Sündenfolgen nicht deswegen schon theologisch hinfällig, weil man natürlich nicht realistisch annehmen kann, daß „vor" dem Sündenfall die Rosen keine Dornen und die Tiger keine Reißzähne gehabt hätten.[82] Es geht hier um die personal-gnadenhafte Relation des Menschen zu Gott bzw. um deren Verlust, der sich im Menschen auch bis in seine somatische Konstitution und seine sozialen und materiellen Lebensbedingungen hin auswirkt.

Sowenig es sinnvoll ist zu fragen, ob „vor" dem Sündenfall der Mensch überhaupt nicht hätte in einem biologischen Sinn ster-

[82] Überhaupt ist zu beachten, daß das „Vor" oder „Nach" der Ursünde nicht chronologisch ausgelegt werden kann. Nicht die Zeit begründet den Unterschied von Urstand und Erbschuld, sondern die nichtvollzogene Annahme der Selbstmitteilung Gottes, durch die das personale Geschöpf existieren sollte. Urstand und Ursünde sind wohl geschichtlich, aber nicht einfach als Ereignis auf der Zeitachse der Geschichte, sondern als ein die Heilsgeschichte oder Unheilsgeschichte eröffnendes Ereignis des Selbstvollzuges transzendentaler Verbundenheit mit dem Schöpfer in der Gnade bzw. deren Verweigerung. Jede Darstellung des Gemeinten im Zeitschema kann nur einen veranschaulichenden Charakter haben, dieses jedoch nicht so vergegenständlichen, daß es zum adäquaten Objekt empirisch-kategorialer Weltbetrachtung wird.

ben müssen mit dem notwendigen vorausgehenden biologischen Abbau der Lebenskraft, so wenig ist es auch sinnvoll zu fragen, ob die Mütter ohne physiologische Schmerzen hätten gebären können. Denn gemeint ist das Grundverhältnis zu Gott, der für den Menschen Leben ist und dessen Verlust „Tod" bedeutet, und dies wirkt sich auch in den konkreten Daseinsbedingungen des Menschen aus, wie sie symbolisch und exemplarisch in Gen 3 vorgestellt werden. Gewiß gehören die in der Geburt empfundenen Wehen zum natürlichen Vorgang der Geburt, sofern sie durch eine für den Geburtsvorgang notwendige Kontraktion des Mutterschoßes entstehen. In diesem Sinne kann von einer Schmerzfreiheit Marias auch nicht die Rede sein. Von Gen 3 her ist im anthropologischen Sinne mit „Schmerz" denn auch eine konkret erfahrbare, die personale Integrität berührende „Erscheinung" des Verlustes der Gemeinschaft mit Gott und der daraus resultierenden Beeinträchtigung einer integralen Vermittlung mit der Welt gemeint. Von einem solchen „Schmerz" ist Maria frei, so wie etwa der Getaufte durch Christus vom Tod, nämlich der Gottesferne und der Störung des gemeinschaftlichen Zusammenlebens, befreit wird. Diese streng theologische Aussage fanden die Väter bezeugt in Jes 66,7–10. Dort ist in bildlicher Redeweise von einem plötzlichen Einbruch der endzeitlichen Heilswirklichkeit gesprochen: „Noch ehe die Frau ihre Wehen bekommt, hat sie schon geboren, ehe die Wehen über sie kamen, brachte sie einen Knaben zur Welt." Dieses Ereignis bringt eine unerhörte Freude mit sich, nämlich die Freude über das messianische Kommen Gottes in der Endzeit. Freilich handelt es sich hier um eine typologische (nicht allegorische) Exegese. Diese Auslegung baut auf der Analogie der Heilsereignisse im Alten und im Neuen Testament auf.

Handelt es sich nun auch – von der Inkarnation her gedacht – um einen „natürlichen" Geburtsvorgang und nicht etwa um ein Verlassen des Mutterschoßes außerhalb der normalen Geburtswege und ohne die damit physiologisch notwendig gegebenen Begleiterscheinungen, dann muß auch der eigentliche Glaubensinhalt der virginitas in partu christologisch in der Beziehung von Maria zu ihrem Kind, das der Sohn Gottes ist, interpretiert werden und eschatologisch in der Gegenüberstellung von alter Welt und der mit Christus anbrechenden neuen Heilszeit. Dem Glauben selbst kann darum an einer klinisch-physiologisch gedachten Schmerzfreiheit oder an einer etwa empirisch nachprüfbaren Unverletztheit des Hymen nicht gelegen sein. Soweit hier einzelne Theologen ausführliche Theorien entwickeln zu müssen meinten, ist das von ihnen selber zu verantworten. Zum verbindlichen Glauben gehören sie nicht. Leitlinie der Auslegung kirchlicher Lehre, die von der heilsrelevanten Tatsache, nicht von isoliert gedachten gynäkologischen Besonderheiten ausgeht, ist die Bedeutung für den Glauben.[83] Auch die von den Vätern angezogene Auslegung von Ez 44, 1–2 auf Maria hin, daß sich ihr von Gott auf wunderbare Weise geöffneter Schoß nach der Geburt auch wieder verschlossen habe (clausa vulva), ist eher Ausdruck einer heilsrealistischen Auffassung der virginitas in partu als die Behauptung eines außergewöhnlichen physiologischen Zustandes, der für sich betrachtet nur Gegenstand eines mirakulösen Interesses wäre, aber nichts mit dem theologischen Begriff der wunderbaren Geburt zu tun hat. Wenn zur Lehre von der virginitas ante partum die Lebensentstehung Jesu ohne männliches Zutun konstitutiv hinzugehört und darum eine Unterscheidung von subjektiv-theologischer Deutung und biologischem Faktum an der Sache vorbeigeht, dann kann nicht ohne weiteres gefolgert werden, daß die in der Lehre von der virginitas in partu von einer breiten Traditionslinie genannten einzelnen physiologischen Elemente ebenso konstitutiv etwa den Begriff der Jungfräulichkeit Marias im Geburtsvorgang ausmachen müßten.

Bei der virginitas ante partum geht es um den Akt der hyposta-

[83] Der Verdacht, hier weiche die moderne Interpretation des Dogmas vor den unwiderleglichen Einsichten der Gynäkologie zurück, weil sie sich nicht auf die Alternative („War jetzt das Hymen nach der Geburt vorhanden oder nicht?") einläßt, ist nicht begründet. Am Recht einer solchen Alternative, die den Glaubensinhalt an anatomischen Einzelheiten fixieren bzw. auch der Lächerlichkeit preisgeben will, läßt sich durchaus zweifeln. Der Realismus des Glaubens ist nicht identisch mit den Zeichen, an denen er verdeutlicht werden soll. Wenn z. B. der auferstandene Herr vor den Augen der Jünger ein Stück gebratenen Fisch ißt (vgl. Lk 24, 42), so geht es dem Evangelisten um die Verdeutlichung der Realität der leiblichen Auferstehung Jesu. Wenn nun auch das physische Essen nicht selbst Gegenstand des Glaubens ist, so ist aber auch umgekehrt nicht zu folgern, daß die leibliche Auferstehung Jesu als Glaubensinhalt zu bestreiten wäre, unabhängig davon, wie sie im einzelnen zu interpretieren ist.

tischen Union, der von dem Schöpfungsakt Gottes, durch den wir als seine Geschöpfe entstehen, radikal verschieden ist. Bei der Geburt Jesu hingegen geht es um seine Konnaturalität mit uns, weshalb der Geburtsvorgang als „natürlich“ zu bezeichnen ist, jedoch bestimmt von der personalen Heilsrelation zwischen Jesus und Maria, was nicht eine spiritualistische Verdünnung des realen Gehalts der Aussage darstellt.

Nach biblischem Zeugnis und der im Glauben der Kirche definitiv verankerten Überzeugung hat Maria allein durch Gottes transzendentes Heilswirken den Erlöser ohne männliches Zutun in ihrem Schoß empfangen und geboren, und darum ist die spirituelle und theologische Schlußfolgerung, daß in dem so geprägten Sinn von Jungfräulichkeit die Mutter Jesu auch Jungfrau im Vorgang der Geburt war, gerechtfertigt. Aber nicht die gynäkologischen Details, die im einzelnen unterschiedlich gewertet wurden, bestimmen den Inhalt dieses Glaubenssatzes, sondern vom Glaubensinhalt her ist das wahre Muttersein Marias so auszusagen, daß ihre Grundrelation zu dem sich offenbarenden Gott („Jungfräulichkeit“) nicht aufgehoben, d.h. „verletzt“ wird.[84] Darum ist ihre Geburt in der Ganzheitlichkeit ihrer personalen, geistigen und leiblichen Aspekte in der Tat ganz natürlich. Dabei ist aber zu beachten, daß die Bedeutung des Terminus „natürlich“ theologisch ausgelegt sein will. Gemeint ist nicht urständliche Natürlichkeit und auch nicht die durch die Gottentfremdung gegebene desintegrierte Natur, das meint nämlich „ihre Schmer-

[84] Die konziliare und liturgische Redeweise von „unversehrter und unverletzter Jungfräulichkeit Marias“ (DS 503, 571) bedeutet, entgegen einer verbreiteten Fehlinterpretation, keineswegs, daß die Geburt an sich irgend etwas Beschämenswertes oder Sündiges an sich hat, sondern nur, daß die natürlicherweise gegebene Aufhebung der Jungfräulichkeit durch die geschlechtliche Empfängnis (vgl. *Thomas v. Aquin,* S. th. III q. 31 a. 5: „Femina autem quae ex mare concipit, non est virgo“) und die daraufhin folgende Geburt eben wegen der andersgearteten Empfängnis Marias auch eine andere Weise der Geburt zur Folge hat, die ihre Jungfräulichkeit als Personalrelation zu Gott und zu Christus nicht aufhebt. Der sich hier leicht entzündende Argwohn, hier sei wieder einmal ein die Sexualität abwertendes Moment am Werke – mag er auch in anderen Zusammenhängen nicht ohne jeden Grund sein –, ist bei der Deutung der Jungfräulichkeit Marias fehl am Platze. Weder eine Abwertung der Geschlechtlichkeit noch eine angestrengte „Leibfreundlichkeit“ tragen zur vorliegenden theologischen Fragestellung etwas bei.

zen", sondern die in Christus wiederhergestellte und erneuerte Natur, insofern sie auch die Kennzeichen der Hoffnung auf ihre Vollendung in sich trägt. So kann abschließend zum Thema der virginitas in partu gesagt werden: „die Lehre der Kirche sagt mit dem eigentlichen Kern der Tradition: die (aktive) Geburt Marias ist (von dem Kind und seiner Mutter her), so wie ihr Empfangen, von der Gesamtwirklichkeit her (als ganzer menschlicher Akt dieser ‚Jungfrau') auch in sich (und nicht nur von der Empfängnis her ...) dieser Mutter entsprechend und darum einmalig, wunderbar, ‚jungfräulich', ohne daß wir aus diesem Satz (der in sich verständlich ist) die Möglichkeit haben, *sicher* und für *alle* verpflichtend Aussagen über *konkrete Einzelheiten dieses Vorgangs abzuleiten.*"[85]

[85] *K. Rahner,* Virginitas in partu, Schriften zur Theologie IV, Einsiedeln-Zürich-Köln ⁵1967, 205.

III. Die virginitas post partum

Zum Verständnis des theologischen Inhalts des mit der Jungfräulichkeit Marias nach der Geburt Gemeinten ist auf die Überlegungen zum mariologischen Grundprinzip und die allgemeinen Überlegungen zurückzuverweisen. Das Ziel kann nur sein, eine Erläuterung der Heilsaussage im Ganzen des Glaubens zu erreichen: Dies ist aber nur einer geschichtlich-transzendentalen Auslegung möglich. Zu unterscheiden hiervon ist die rein historische Überlegung. Denn der Inhalt der virginitas post partum kann nicht einfach nur der sein, daß Maria nach der Geburt Jesu keine weiteren Kinder mehr gehabt habe und daß somit die im Neuen Testament an verschiedenen Stellen erwähnten „Brüder und Schwestern Jesu" nicht Verwandte Jesu ersten Grades bzw. leibliche Kinder von Maria und Josef gewesen seien; ein solches Faktum wäre ja an sich für das Heilsverständnis irrelevant. Die virginitas post partum als Glaubensaussage und die Tatsache, daß die genannten Brüder Jesu nicht leibliche Kinder Marias waren, verhalten sich zueinander wie Dogma und dogmatisches Faktum. Mit factum dogmaticum ist eine äußere Tatsache gemeint, die nicht selber Bestandteil des Glaubens ist, aber für ihn eine notwendige äußere Voraussetzung darstellt. So gehört z. B. die Historizität des Konzils von Nizäa nicht zum christologischen Grundbekenntnis dieses Konzils. Dennoch wäre der Glaube von Nizäa als authentischer Ausdruck des Glaubens der Kirche hinfällig, wenn historisch bewiesen wäre, daß dieses Konzil niemals stattgefunden hat. Deshalb muß sich eine theologische Auseinandersetzung um den theologischen Sinn der Jungfräulichkeit Marias nach der Geburt bis zu ihrem Lebensende hin mit der rein profanhistorischen Frage auseinandersetzen, ob die in den Evangelien genannten Brüder Jesu wirklich ihre

Söhne sind, ohne die in diesem Bekenntnissatz gemeinte Glaubensaussage auf die historische Fragestellung zu verkürzen oder sie gar mit dieser zu identifizieren. Allerdings wäre es von einer tief einschneidenden Konsequenz für die Erkenntnislehre katholischer Theologie, wenn sich eindeutig die Brüder Jesu als leibliche Kinder Marias historisch nachweisen ließen.[86] Dieses träfe nicht nur den einen Punkt, sondern es würde die Überzeugung vom inneren Zusammenhang des Geistwirkens bei der Entstehung von Schrift und Kirche und der Überlieferung der Offenbarung im Glaubensleben der Kirche und ihrer definitiven Rezeption in Konzilien und im allgemeinen Glaubensbewußtsein der Kirche (sensus fidelium) in Frage stellen. Der Ernst der hier entstehenden Fragestellungen kann kaum entschärft werden durch den nicht zu bestreitenden Hinweis, daß die katholische Lehre von der virginitas Mariae post partum natürlich nicht ein fundamentaler Bestandteil des kirchlichen Glaubens ist, sondern lediglich verdeutlichend zu den zentralen mariologischen Aussagen hinzutritt. Über diese formal-theologische Frage hinaus steht auch inhaltlich das mariologische Fundamentalprinzip zur Debatte.

Die seit der Auseinandersetzung des Hieronymus mit Helvidius immer neu geführte Diskussion um die entsprechenden Bibelstellen braucht hier nicht neu ausgebreitet zu werden, denn die Argumente beider Seiten, die entweder die Brüder Jesu als leibliche Söhne Marias verstehen oder sie als Vettern Jesu bzw. Kinder Josephs aus erster Ehe auffassen,[87] sind erschöpft. Im

---

[86] Vgl. *R. Schnackenburg,* Matthäusevangelium 1,1 – 16,20 = Die Neue Echter-Bibel, Neues Testament I/1, Würzburg 1985, 132: „Auch einige neuere kath. Exegeten neigen zu der bei den Protestanten herrschenden Ansicht, daß die Tradition von wirklichen Geschwistern Jesu sprach. Aber ist diese Tradition historisch zuverlässig? Wahrscheinlich wußte auch Mt darüber nicht näher Bescheid. Für die kath. Auffassung von der immerwährenden Jungfräulichkeit Marias würde sich daraus eine ernste Schwierigkeit ergeben. Die Frage bedarf, auch hermeneutisch und dogmatisch, noch weiterer Erörterung."

[87] Vgl. *Hieronymus,* Adv. Helvidium de Mariae virginitate perpetua (PL 23,183–206); *Augustinus,* De haeres. 84 (CCL 46,338): „Helvidiani, exorti ab Helvidio, ita virginitati Mariae contradicunt, ut eam post Christum alios etiam filios de viro suo Joseph peperisse contendant." Die Behauptung, daß Maria von Joseph Kinder geboren habe, widerspricht also als solche dem kirchlichen Glauben(!) an die bleibende Jungfräulichkeit Marias.

einzelnen sind für eine heutige exegetische Betrachtung die Erwähnung der Brüder unterschiedlich zu bewerten. Die Rede bei Paulus von den Brüdern des Herrn (1 Kor 9,5) und von Jakobus als dem Herrenbruder, wie ein stehender Titel lautet (Gal 1,19; vgl. Jak 1,1, Jud 1), beruht wohl nicht auf einer biographischen Kenntnis des Apostels oder einer betonten Aussageabsicht, daß er von Verwandten Jesu ersten Grades sprechen will. Auch die bei Matthäus berichtete Aufforderung an Josef, Maria, seine Verlobte, als seine Frau zu sich zu nehmen (Mt 1,20) oder die Redewendung von Vater und Mutter Jesu (Lk 2,33.48) bzw. seinen Eltern (Lk 2,27.48) sagen nach der theologischen Erzählabsicht der beiden Evangelisten einerseits nichts gegen die Tatsache der jungfräulichen Lebensentstehung Jesu noch andererseits etwas über eine geschlechtlich vollzogene Ehe nach der Geburt Jesu. Dies gilt auch für die umstrittene Formulierung Mt 1,25 (Josef erkannte sie aber nicht, *bis* sie ihren Sohn gebar). Diese will nichts über Ereignisse der folgenden Zeit aussagen.[88] Matthäus gibt nicht beiläufig eine historische Information, sondern er beschließt seine Erzähleinheit, indem er vom Ende her auf das Erzählte rückblickt und in diesem Sinn noch einmal betont, daß Jesus nicht durch Josef geschlechtlich gezeugt wurde.

Jeweils noch einmal anders sind die Perikopen von den ungläubigen Verwandten Jesu zu beurteilen und vom Aufenthalt Jesu in Nazaret, wo ihn seine Landsleute mit seinen Brüdern in Verbindung sehen. Bei der Perikope von den wahren Verwandten Jesu (Mk 3,31–35; Mt 12,46–50; Lk 8,19–21) haben wir es nicht mit einer absichtlich oder beiläufig erwähnten Notiz über den eigentlichen Verwandtschaftsgrad dieser „Brüder“ zu tun. Denn nach hebräischem und aramäischem Sprachgebrauch bezeichnet das Wort Bruder Verwandte ersten und zweiten Grades, also Brüder und Vettern. Dies könnte auch in die griechische Übertragung eingegangen sein (vgl. Gen 13,8; 14,14; 24,48).[89] Dem Evangelisten geht es an dieser Stelle nicht um biographi-

[88] *A. Vögtle,* Mt 1,25 und die virginitas B. Mariae Virginis post partum: ThQ 147 (1967) 28–39, hier 39: „Rein exegetisch kann man demnach jedenfalls soviel konstatieren: Die Aussage Mt 1,25 a läßt sich als solche sehr wohl mit der virginitas post partum vereinbaren.“
[89] Vgl. *H. Ringgren,* Art. אָח: ThWAT I, 205–210.

sche Informationen, sondern um die Antithetik von blutsmäßiger und geistlicher Verwandtschaft mit Jesus im Glauben, die allein ausschlaggebend ist. Auch die hier anklingende Stelle von den ungläubigen Brüdern bei Joh 7,3–12 ist nicht als eine biographische Information zu lesen (vgl. Joh 2,12). Der Evangelist hat die „Brüder Jesu", wie auch immer sie in blutsmäßiger Beziehung zu Jesus stehen mögen, hier als die Vertreter des Unglaubens und der „Welt" vorgestellt. Sie stehen in diesem Evangelium völlig am Rande. Auch Apg 1,14, wo von der Versammlung der Apostel, der Frauen und Maria, der Mutter Jesu, zusammen mit seinen Brüdern die Rede ist, ist so unspezifisch, daß sie zur historischen Fragestellung nichts beiträgt.

Anders verhält es sich bei dem Aufenthalt Jesu in der Synagoge von Nazaret (Mk 6,3), da die Nazarener Anstoß an Jesu messianischem Anspruch genommen haben, weil er für sie der „Sohn der Maria"[90] war und der Bruder von Jakobus, Joses (bei Mt 13,55: Josef), Judas und Simon und weil sie alle seine Schwestern, die bei ihnen wohnen, kennen (vgl. Mt 13,54–58) und er darum doch ein gewöhnlicher Zeitgenosse sein muß. Zu beachten ist jedoch, daß bei Markus 15,40 eine von der Mutter verschiedene Maria genannt wird als Mutter von Jakobus dem Kleinen und Joses (vgl. auch Mk 16,1; Mt 27,56). Sollte Mk 6,3 und 15,40 von den gleichen Personen die Rede sein, wird Jako-

---

[90] Zur ungewöhnlichen Benennung Jesu nach der Mutter Maria vgl. *J. Gnilka*, Das Evangelium nach Markus I = EKK II/1, Zürich 1978, 231 f.: „Darum kann vermutet werden, daß im Bericht vordergründig die Landsleute Jesus beschimpfen, hintergründig aber eine Glaubensaussage angedeutet ist, die auf die Jungfrauengeburt Bezug nimmt. Für diese Deutung sprechen die grundsätzliche Frage nach dem Ursprung Jesu am Anfang und vielleicht auch die Tatsache, daß es Markus vermeidet, den Vater Jesu zu erwähnen. Was Markus noch nicht kennt, ist eine Lk 1,26 ff. vergleichbare Perikope. Die vier Brüder Jesu tragen Patriarchennamen. Das mag für eine fromme Gesinnung seiner Familie zeugen. Vielleicht werden die Namen der Schwestern nicht angeführt, weil diese verheiratet sind. Es ist aber kaum anzunehmen, daß nur diese noch am Ort ansässig sind. Die Formulierung könnte es nahelegen. Bei der parallelen Struktur der Sätze ist aber ‚hier bei uns' auch auf die Mutter und die Brüder zu beziehen. Der Verweis auf die Familienangehörigen gibt noch nicht zu erkennen, wie diese über ihren Bruder Jesus denken. Die Verwurzelung Jesu in der kleinbürgerlichen Familie trägt hier nur dazu bei, daß die Landsleute Jesus ablehnen und seine Lehre nicht akzeptieren. Das Ärgernis, das sie nehmen, ist gleichbedeutend mit ihrem Unglauben."

bus und Joses eine andere Mutter zugewiesen als Jesus. Unwahrscheinlich ist es, daß von Maria, der Mutter des Jakobus und des Joses gesprochen wird, wenn die Mutter Jesu gemeint gewesen wäre.[91]

Hat nun Markus bei der Erwähnung von vier namentlich genannten „Brüdern" ein biographisches Wissen um den genaueren Verwandtschaftsgrad zu Jesus und Maria im Auge gehabt und stellt er dies bewußt in einen christologischen Aussagezusammenhang? Es könnte sein, daß Markus der Skepsis der Nazarener gegenüber der vollmächtigen Lehre Jesu und seiner außerordentlichen Weisheit und den durch ihn geschehenen Wundern das Gewicht auf die wahre Menschlichkeit dieses „Propheten und Gottessohnes" legen will. Aber diese originelle These L. Oberlinners ist eine theologische Auslegung, die auch theologisch beurteilt sein will.[92] Markus geht es hier wohl kaum um das Verhältnis von Gottheit und Menschheit in Jesus. Es ist problematisch, diese Perikope unmittelbar im Horizont der Inkarnationsauffassung und der späteren Zwei-Naturen-Lehre zu interpretieren. Die Tatsache des Menschseins Jesu steht für eine Aszendenzchristologie in keinem Zweifel, es geht ja gerade darum, wie dieser konkrete Mensch in einer besonderen Rela-

---

[91] Vgl. *H. Ringgren,* Art. אָח: ThWAT I, 206: „Die Vollbruderschaft wird mitunter durch den Zusatz ‚Sohn (derselben) Mutter' hervorgehoben. (Deut 13,7; Ri 8,19; Ps 50,20 ...)."

[92] Vgl. *L. Oberlinner,* Historische Überlieferung und christologische Aussage. Zur Frage der „Brüder Jesu" in der Synopse = forschung zur bibel 19, Stuttgart 1975, kommt das Verdienst zu, seit der Kontroverse des Hieronymus mit Helvidius erstmals ein neues Argument vorgelegt zu haben. Er sieht klar, daß bei dem Charakter der neutestamentlichen Schriften als Glaubensquellen das Problem nicht einfach historisch-biographisch, sondern theologisch gelöst werden muß. So kommt er zur Folgerung: „Unter Würdigung der einzelnen Gesichtspunkte, die für eine sachgerechte Erklärung und Begründung der in der Nazarethperikope enthaltenen biographischen Angaben grundlegend sein sollten, dürfen wir abschließend feststellen, daß für die diese Erzählung tradierenden Glieder der ersten christlichen Gemeinden das Bewußtsein der Vollmenschlichkeit Jesu auch in der Existenz leiblicher Geschwister sich manifestierte, wobei zumindest das Wissen um leibliche Brüder Jesu zugrunde gelegt werden darf" (ebd. 338). Erstaunlich ist jedoch hier, daß von einer theologischen Idee her (der Vollmenschlichkeit Jesu) auf das Vorhandensein von Brüdern Jesu im ersten Verwandtschaftsgrad als historischer Basis der theologischen Aussage geschlossen wird. Dieser Schluß ist allerdings theologisch und anthropologisch keineswegs zwingend.

tion zu Gott stehen kann.[93] Grundsätzlich ist von der Christologie her zu sagen, daß eine individuierte Menschennatur durch leibliche Brüder und Schwestern nicht ergänzt oder bestätigt wird (was allerdings eine Bereicherung des Menschseins auf der Ebene psychologischer Erfahrungen nicht ausschließt). Eine Betonung der vollen Menschheit Jesu wäre für Markus wohl wichtig gewesen, wenn er sich gegen den Doketismus wenden wollte. Dies aber ist nicht ersichtlich.

In einer rein historischen Betrachtungsweise kann angesichts des theologischen Charakters der Quellen aber auch nicht positiv bewiesen werden, daß Jesus keine leiblichen Geschwister gehabt hat.[94] Die Kombination von Mt 3,31–35, wo von den vielen Geschwistern Jesu die Rede ist, mit Lk 2,41–52, wonach Maria mit mehreren Kindern nicht an einer Wallfahrt hätte teilnehmen können, überzeugt nicht, ebensowenig der Hinweis auf Joh 7,2–5, wonach die jüngeren Geschwister dem älteren Bruder gegenüber sich nicht so respektlos verhalten können. Erstaunlich, aber ohne historische Beweiskraft ist die Tatsache, daß die Brüder und Schwestern Jesu nie Söhne Josefs oder gar Marias genannt werden. Auch der beliebte Hinweis auf Joh 19,26, wo der sterbende Jesus vom Kreuz herab Maria seinen Lieblingsjünger als deren „Sohn" anvertraut, was nur unter der Voraussetzung gelte, daß Jesus der einzige Sohn Marias war, führt nicht weiter, denn auch hier geht es nicht nur um eine neutrale historische Information, sondern um eine theologische Aussage über die Beziehung von Maria zu dem Lieblingsjünger. Die Vermutung von einem frühen Tod Josefs, von dem während des öffentlichen Auftretens nicht mehr die Rede ist, ist nicht grundlos, aber auch nicht beweisbar. Das bedeutet auch, daß die daraus gezogene Folgerung, nach der Maria sich unter den Schutz der nächsten Verwandten begeben habe, woraus sich in dieser entstehenden Großfamilie die Redeweise von den Brüdern gebildet habe, die

[93] Vgl. *J. Gnilka,* Das Evangelium nach Markus I = EKK II/1, Zürich 1978, 233 f.: „Wie Glaube und Unglaube auseinandergehen, zeigen die divergierenden Antworten auf die Fragen nach seiner Herkunft an: ‚that's Mary's boy' oder ‚dieser Mensch war der Sohn Gottes' (15,39). Markus legt darüber hinaus Wert darauf, daß der Auftritt in Nazaret zur Schulung für die Jünger wird."

[94] Vgl. *J. Gnilka,* ebd. 234 f.: „Historisch stringent läßt sich weder die eine noch die andere Annahme beweisen."

auch in die griechische Fassung der Evangelien eingegangen sei, letztlich eine Hypothese bleiben muß.[95] Auf der rein historisch-biographischen Ebene bleibt die Frage unentscheidbar, wenn jeweils auch gute Gründe für die eine oder andere Position vorgebracht werden. Zwingend sind sie nicht.

Auch der Appell an das unbefangene Urteil des („aufgeklärten") Lesers kann hier nicht den letzten Ausschlag geben. Wenn R. Pesch die angebliche Umdeutung der offensichtlich als leibliche Brüder und Schwestern verstandenen Personen auf Stiefgeschwister bzw. Vettern und Basen abhängig sein läßt von einem biologischen Verständnis der „Christologumena von Zeugung aus heiligem Geist und Jungfrauengeburt"[96] (sic!) – ganz abgesehen von der Frage der Realität der geistgewirkten Lebensentstehung –, ist zunächst zu sagen, daß nicht die Empfängnis oder die Geburt als solche der Ausgangspunkt der Entwicklung einer Lehre von der virginitas post partum waren, sondern die Glaubensbereitschaft Marias, in dem sie sich ganz in den Dienst Gottes gestellt hat, was schließlich auch von ihrer personalen Mitte her den Bedeutungssinn von „Jungfräulichkeit" erschließt. Peschs Zweifel, „ob ein dogmatischer Zwang, der die historische Untersuchung beeinträchtigen könnte, existiert",[97] ist hinsicht-

---

[95] Im Sinne einer historischen Beweisbarkeit, daß es sich bei den Brüdern Jesu nicht um leibliche Brüder handelt, ist die minutiöse Studie von *J. Blinzler,* Die Brüder und Schwestern Jesu = SBS 21, Stuttgart 1967, heranzuziehen.

[96] *R. Pesch,* Das Markusevangelium I = HThK II/1, Freiburg–Basel–Wien [4]1984, 322–325 (Exkurs: Zur Frage der Brüder und Schwestern Jesu), hier 323; vgl. ebd. 453–462. Vgl. dazu auch die Stellungnahme von *K. Rahner,* Jungfräulichkeit Marias: Schriften zur Theologie XIII, Einsiedeln–Zürich–Köln 1978, 361–377. Vgl. auch *R. E. Brown* u. a., Maria im Neuen Testament. Eine Gemeinschaftsstudie von protestantischen und römisch-katholischen Gelehrten, Stuttgart 1981, 58–67, 229.

[97] *R. Pesch,* Das Markusevangelium I = HThK II/1, 323. Die hämische Bemerkung von *M. Goguel,* Jesus, Paris [2]1950, 200 („Il n'y a pas de problème des frères de Jésus pour l'histoire; il n'y en a que pour la dogmatique catholique"), die die ältere protestantische Ansicht wiedergibt, wäre selbst noch einmal auf ihre „dogmatischen" Voraussetzungen zu befragen, insofern sie implizit von einem Gegensatz zwischen Geschichte und Dogma ausgeht – einem der großen Postulate der alten protestantischen Kontroverstheologie im Gewande des Historismus. Zu beachten ist hier nicht nur die Formulierung im vorökumenischen Geist, sondern auch der mangelnde Sinn für eine wirkliche Geschichtlichkeit des Dogmas, wobei eben die Geschichte das Dogma nicht widerlegt, sondern das Dogma sich in Geschichte auslegt.

lich der Frage nach den Brüdern Jesu durchaus auch umkehrbar: Es existiert auch kein historischer Zwang, der die dogmatische Untersuchung beeinträchtigen kann.

Allerdings erscheint mehr als fragwürdig, ob es der theologischen Methode entspricht, in dieser Weise „historisch" und „dogmatisch" einander entgegenzusetzen. Wenn man sich aber auf eine rein historisch-biographische Frageebene begibt, muß man auch die Unentscheidbarkeit der Frage einräumen, ob die „Brüder und Schwestern Jesu" leibliche Kinder Marias waren. Der Glaube kann nicht abhängig sein von dem unbedingten Nachweis, daß die „Brüder Jesu" nicht leibliche Kinder Marias waren.

Die mariologische Fragestellung der Alten Kirche darf nicht verwechselt werden mit einem profan-historischen Verlangen nach allem möglichen Detailwissen. Der immer neu auftauchende Verdacht, von einer vorweg eingenommenen dogmatischen Position her komme es zu einer manipulierenden Umdeutung historisch gesicherter bzw. möglicher oder wahrscheinlicher Nachrichten in der Bibel, ist unbegründet, denn für sich genommen, ist die biblische Rede von den „Brüdern Jesu" entgegen einem ersten Augenschein kein wirklicher Beweis für ein Verwandtschaftsverhältnis ersten Grades bzw. dafür, daß es sich um von Maria geborene Kinder handelt. Für die spirituelle und theologische Entwicklung des Gedankens der virginitas post partum war vielmehr die christologische Grundüberzeugung ausschlaggebend, daß es sich bei Jesus nicht um einen beliebigen Propheten handelt, sondern daß er in Wirklichkeit das menschgewordene ewige Wort selber ist bzw. daß in seiner menschlichen Wirklichkeit sich Gott so repräsentiert, daß Jesus absolut und ausschließlich durch Gott subsistiert. Als Folgerung drängt sich damit unmittelbar auf, daß die Gottesmutterschaft Marias nicht eine bloß biologische Indienstnahme, sondern eine gesamtpersonale Beziehung auf Gott ist, die ihre ganze geist-leibliche Existenz und ihren geschichtlichen Weg umfaßt, prägt und bestimmt.

Der Glaube an die auch nach der Geburt bleibende Jungfräulichkeit der Theotokos, die in der Spontaneität ihrer Glaubenshingabe gründet, ist denn auch in der Alten Kirche nicht aufgrund isolierter historischer Bibelstudien entstanden. Sieht man einmal von den Hinweisen in der volkstümlichen, nicht-kanonischen Literatur aus dem 2. Jahrhundert (Protoevangelium des Jakobus) ab, dann wird diese Frage erst im 3. Jahrhundert zum Thema[98]. Zum 4. Jahrhundert hin wird es nun allgemeine Glaubensüberzeugung, daß Maria auch nach der Geburt jungfräulich gelebt hat, d.h., ihr ganzes Leben vom ewigen aus ihr Mensch gewordenen Gottessohn geprägt war und daß sie eben als Folge davon mit Josef auch keine Kinder hatte. Sekundär ist dann die Frage, wie man die „Brüder Jesu" auffaßt, entweder als Kinder Josefs aus erster Ehe, wie es das Protoevangelium des Jakobus tut und im Anschluß daran Clemens von Alexandrien und Origenes, oder als Vettern Jesu, wie der Westen seit Hieronymus.[99]

Das Grund-Folge-Verhältnis darf man hier nicht umkehren. Nicht weil man zuvor die Brüder Jesu als nichtleibliche Brüder erklärt hat, ist man zum Glauben an die virginitas post partum gelangt, sondern weil man aus christologischen und mariologischen Grundaussagen den inneren Charakter des Glaubens an die jungfräuliche Gottesmutterschaft Marias analysiert hat, ist man zur Folgerung gekommen, daß auch ihre Ehe mit Josef eine andere Bedeutung hatte. Diese Auffassung war deshalb mit der Schrift vereinbar, weil sich bei einer genauen Analyse herausstellt, daß dieser Sicht nichts ernsthaft entgegensteht. So stellt Hieronymus fest, „daß Gott aus einer Jungfrau geboren ist, glauben wir, weil wir es lesen; daß Maria nach der Geburt ehelichen Verkehr gepflogen habe, glauben wir nicht, weil wir es nicht lesen.[100]

Der Widerstand gegen diese sich rasch durchsetzende Überzeugung des *Glaubens* war gering und marginal. Die Gründe, die die Gegner vorbrachten, waren nicht im modernen Sinne des Wortes historisch-kritische Erwägungen und Berücksichtigun-

---

[98] Vgl. Anm. 72. Zur umstrittenen Frage, ob noch Tertullian (und Irenäus v. Lyon) von den Brüdern Jesu annahm, sie seien leibliche Kinder Marias gewesen, vgl. *J. Blinzler,* Die Brüder und Schwestern Jesu = SBS 21, Stuttgart 1967, 139–141.

[99] *Hieronymus,* Adv. Helvidium 19 (PL 23,213).

[100] Vgl. *G. Söll,* Mariologie = HDG III/4, Freiburg–Basel–Wien 1978, 75.79.

gen in der Schrift genannter Nachrichten. Sie widerstanden der sich ausbildenden Glaubensüberzeugung der Kirche, wobei sie rein instrumental auf einzelne Bemerkungen der Schrift zurückgriffen, die dem ersten Anschein nach ihre Vorstellungen zu bestätigen schienen. Zu nennen sind nur der Arianer Eunomius und die Antidikomarianiten, sodann Jovinianus und der Bischof von Naissus, Bonosus von Sardika. Eine Synode von Capua im Jahre 391 verurteilt, wohl unter Mitwirkung des hl. Ambrosius von Mailand im Auftrag des Papstes Siricius' I., den Bonosus wegen dieser Lehre. Die Sekte der Bonosianer erhält sich offenbar bis ins 7. Jahrhundert hinein in Gallien und Spanien und verschwimmt dann mit den Strömungen des arianischen Adoptianismus. Gegen die Leugnung der virginitas post partum durch Helvidius hat Hieronymus 381 eine scharfe Polemik verfaßt: „Adversus Helvidium de Mariae virginitate perpetua". Im späten Mittelalter stellen wahrscheinlich auch die Lollarden, eine Sekte in England, die Glaubensaussage in Frage. Mit der betonten gesamtkirchlichen Rezeption des Glaubens an die beständige Jungfräulichkeit der Gottesgebärerin Maria vor, in und nach der Geburt auf dem 2. Konzil von Konstantinopel (553) und der Lateransynode (649) ist ein Schlußpunkt unter die diesbezügliche Dogmenentwicklung gezogen.

Wie kann dieser Vorgang theologisch beurteilt werden? Die Väter des 3., 4. und 5. Jahrhunderts beriefen sich nicht einfach auf historische Zeugnisse der Bibel. Sie beriefen sich auch nicht auf mündlich tradierte Nachrichten, die, historisch gesehen, bis zu Maria zurückreichen. Ihr Ansatz entstammt glaubender Überlegung. Sie begriffen die Jungfräulichkeit Marias als eine Aussage über ihre ganzmenschliche, personal und heilsgeschichtlich bedeutsame Bezogenheit auf den Gott der Offenbarung. Der Einzigartigkeit dieser Empfängnis und Geburt entspricht auch die Einzigartigkeit der Beziehung Marias auf Gott, so daß ihre Jungfräulichkeit die Mitte ihrer Gottesbeziehung ausmacht. Auch im Hinblick auf das christliche Ideal der Jungfräulichkeit um des Himmelreiches willen (Mt 19,12) und des evangelischen Rates zu dieser christlichen Lebensform „um der Sache des Herrn willen" (1 Kor 7,25–38) formten sich mariologische Ideen der Väter aus. Es geht ihnen um die ganzheitliche Indienstnahme

Marias für die Sache Gottes. Dies ist im Hinblick auf Gott zu sagen. Da Maria in einer wirklichen Ehe mit Josef lebte, ist dies in diesem einmaligen Fall so auszudrücken, daß ihre Ehe mit der jungfräulichen Lebensform verbunden sein kann.[101] So entspringt auch die christliche Gestalt der Jungfräulichkeit nicht dem Gegensatz zur Ehe oder gar dem Motiv einer Befreiung des höheren geistigen Lebens aus niederen materiellen Bindungen, sondern einem inneren Akt des personalen Glaubens und Liebens, der sich freilich auch bis in die Leiblichkeit des Menschen hinein bewähren muß.

Nach dem Glauben der Alten Kirche kann man die geist-leibliche Indienstnahme Marias für das Heilswirken Gottes in der Menschwerdung des Logos nicht einfach punktuell denken. Maria wurde nicht in einer dramatischen Ausnahmesituation Mutter des inkarnierten Logos, um hinterher ein „normales" Familienleben zu führen. Ihre Jungfräulichkeit steht zur Ehe mit Josef nicht in einem zeitlichen Abfolgeverhältnis. Auch hier muß theologisch der Zusammenhang als bleibende Personalbestimmung begriffen werden, denn auch umgekehrt war die Inkarnation Christi aus der Jungfrau nicht mit einer zeitweiligen Suspension der Ehe mit Josef erkauft. Marias glaubendes Ja-Wort bestimmt ihre ganze Lebensgeschichte. Somit ist ihr Leben ganz auf Christus ausgerichtet und steht vollkommen in seinem Dienst. Der Einwand, daß zur Ehe, gerade auch im christlichen Verständnis, der leiblich-geschlechtliche Vollzug gehört, kann hier nicht überzeugen. Denn wie die Jungfräulichkeit Marias nicht von einem apriorischen Begriff von Jungfräulichkeit (und schon gar nicht nur isoliert von der physiologischen Seite her) gewonnen werden darf, so darf auch der Inhalt der Ehe von Josef und Maria nicht von einem apriorischen Begriff von Ehe her festgelegt werden. So wie in diesem einzigartigen, unvergleichlichen und unwiederholbaren Fall der menschgewordene Gott nicht aus den Möglichkeiten der Kreatur (eben in der geschlechtlichen Zeugung) hervorgehen konnte, so ist auch Maria als die jungfräuliche Theotokos so in eine entsprechende einzigartige Relation zu Gott eingetreten, daß von ihrer Ehe mit Josef so ge-

---

[101] Siehe dazu die Überlegung bei *Thomas v. Aquin,* S. th. III q. 29 a. 2.

sprochen werden muß, daß die Personalbezeichnung als Jungfrau und Gottesgebärerin nicht doch wieder eingeschränkt oder gar aufgehoben wird.

Die theologische und lehramtliche Tradition war sich bewußt, daß es sich hier um Konvenienzargumente handelt, die durch rein historische Nachrichten nicht einfach gestützt, aber auch nicht bezweifelt werden können. Die Historie kann die eigentliche Glaubensaussage ebensowenig stützen wie ihr den Boden entziehen. Der rein historische Nachweis, daß Maria von Josef keine Kinder hatte, wäre im übrigen auch noch kein Beweis für die leiblich nichtvollzogene Ehe, und aus diesen Gründen sind die historische und die den Glauben anzielende theologische Fragestellung nicht ganz aufeinander zurückzuführen. Glaube ist, wenn wir ihn theologisch betrachten, ja nicht einfach die Überzeugung von „historisch" belegten oder wahrscheinlichen Fakten, auch nicht soweit diese Tatsachen von der Heiligen Schrift ausgesagt werden. Denn die Schrift selbst will nicht einfach historische Quelle sein. Sie ist, wie schon oft gesagt, selbst Glaubenszeugnis, das innerhalb der Glaubensgemeinschaft der Kirche entstanden und auch nur in dem vom Geist gewirkten Glauben auszulegen ist. Daß für die spätere Kirche die Schriftautorität mit ihrem bezeugten Glaubensinhalt wahr ist, kann nicht Gegenstand eines historischen Beweises sein. Dies sagt uns nur der Glaube selbst. Glaube ist nämlich zu begreifen als die Wirkung des Heiligen Geistes in uns aufgrund des Glaubenszeugnisses der „Apostel" und der mit ihnen beginnenden Kirche. Da das Wirken des Geistes nicht auf die Entstehung der Kirche beschränkt ist, sondern sich in der davon ausgehenden weiteren Geschichte der Auslegung und Umsetzung fortsetzt, darum ist es auch auf die Erhellung und die Explikation bisher nur implizit mitgeglaubter Aspekte bezogen. Ob jemand nun der kirchlichen Überlieferung und dem definitiven Ausdruck des Glaubens im Bekenntnis der Kirche zur virginitas post partum zustimmt, hängt weniger von einer historischen Absicherung ab als vielmehr von dem Begriff des Glaubens und der inneren Geschichtlichkeit seiner sprachlich-reflexen Vermittlung. Glaube beinhaltet nach katholischem Verständnis eben auch das Vertrauen, daß der Heilige Geist als das transzendente Prinzip des Glaubens die

Kirche auf dem Weg zur Wahrheit ihres Bekenntnisses führt und die Kirche dort, wo sie im Konsensus der Gläubigen und im lehramtlichen Urteil der Bischöfe und der Konzilien definitiv ihre Überzeugung zum Ausdruck bringt, nicht in die Irre gehen läßt. So ist das Bekenntnis zur virginitas post partum auch ein Bekenntnis zur inneren Einheit von Offenbarung und Kirche, von Schrift und Tradition, von Heiligem Geist und Glaubensbekenntnis.

Die Kirche bekennt in ihrem Glauben an die bleibende Jungfräulichkeit der Gottesgebärerin vor, in und nach der Geburt, daß das ewige, uns unerreichbare Geheimnis Gottes wirklich in die Welt eingetreten ist und sich im Menschen vergegenwärtigt, daß das ewige Wort Gottes unsere menschliche Wirklichkeit angenommen hat, indem es empfangen und geboren wurde, gelitten hat und gestorben ist, um in Gott verherrlicht zu werden als der „Erstgeborene der ganzen Schöpfung" (Kol 1,15). Inkarnation bedeutet aber nicht nur ein geschichtliches Handeln Gottes gegenüber den Menschen, sondern ein Handeln mit dem Menschen, indem der Mensch in Gottes Handeln hineinengagiert wird. Der Einzigartigkeit der Menschwerdung Gottes entspricht aber auch die Einzigartigkeit dieses Engagements des Menschen, wie es in Maria, der jungfräulichen Gottesgebärerin, gegeben ist. Der Ganzheit des eschatologischen Wortes, das Mensch werden will, entspricht die Ganzheit der Antwort des Menschen, aus dem es das Menschsein annimmt, d.h. aus der Person Marias (in Glaube, Leiblichkeit, Lebensgeschichte). Der Glaube und die ganze Existenz Marias sind also zur Menschwerdung Gottes nicht akzidentelle Momente. Sie sind vielmehr die von der Inkarnation getragene kreatürliche Realität, mit der sich Gott erlösend vereinigt hat. Darum steht Maria, wie es die Tradition ausdrückt, in einem ganzheitlichen Hingabe-Verhalten zu Gott als „Braut Christi". Das ist der Grund, warum man aus christologischen und in der Folge mariologischen Gründen von einer bleibenden Jungfräulichkeit Marias sprechen muß. Maria ist darin durch ihren Glauben Vorbild aller Glaubenden, ohne daß sie einfach nachgeahmt werden könnte. Die Unwiederholbarkeit des nur ihr zukommenden Charismas entrückt Maria aber keineswegs den „gewöhnlichen" Christen. In der Wechselwirkung der verschiedenen Gnadengaben wird nicht nur die Gemeinschaft der Glieder des Leibes Christi in der Gemeinschaft aller Lebenden und Verstorbenen, die zu ihm gehören, aufgebaut, sondern darin erscheint auch die universale Geschichtsmacht und die Geist-Gegenwart Gottes in seiner Kirche, der alles in allen bewirkt (1 Kor 12,6).[102]

[102] Vgl. insgesamt hierzu *G. L. Müller*, Gemeinschaft und Verehrung der Heiligen. Geschichtlich-systematische Grundlegung der Hagiologie, Freiburg-Basel-Wien 1986; *K. Rahner*, Mut zur Marienverehrung: Schriften zur Theologie XVI, Zürich-Einsiedeln-Köln 1984, 321-335.

IV. Allgemeine Thesen zu einer künftigen Mariologie

1. Gott hat jeden Menschen um seiner Erwählung willen geschaffen (vgl. Eph 1,4). Die geistig-personale Schöpfung besteht nur aus dem einen Grund, damit Gott sich ihr als Leben mitteilt. Die Gnade, durch die der Mensch mit Gott verbunden ist, spezifiziert zugleich den je besonderen Dienst im Vollzug der Heilsgeschichte und im Aufbau des Reiches Gottes und im Leben der Kirche. Marias besonderes Charisma ist ihre heilsgeschichtliche Sendung, die Mutter Jesu, des Mensch gewordenen ewigen Gottessohnes zu werden.

2. Die mariologische Fundamentalaussage heißt: Maria ist die jungfräuliche Gottesgebärerin. Aus ihrer Person (in geist-leiblicher Einheit) ist die Hypostase des göttlichen Logos als Mensch geboren worden (in der hypostatischen Einheit von göttlicher und menschlicher Natur).

3. Inneres Prinzip der Mariologie in der Begründung wie in der dogmengeschichtlichen Entfaltung ist der Glaube Marias. Ihr freies Ja-Wort steht der Gnade nicht autonom gegenüber, und es bedeutet auch nicht Mitwirkung trotz der Gnade. Es geht um ein Mittun aufgrund von Gnade. Je begnadeter der Wille ist, um so freier wird er. Marias begnadeter Wille ist selbst erst Wirkung der in der hypostatischen Union gegebenen inkarnatorisch-eschatologischen Selbstmitteilung Gottes an die Menschheit. Geschaffene Freiheit ist Selbsttranszendenz des Menschen als Liebe im Sinne der Antwort auf den uns entgegenkommenden Gott, der sich uns in seiner Selbstmitteilung schenkt und zugleich darin unsere Antwort als Liebe ermöglicht. Diese Antwort ist freier Wille in seinem sich transzendierenden Selbstvollzug,

der so zur vollzogenen Freiheit wird. Sich vollziehende Freiheit als Einheit mit Gott in der Gemeinschaft der Liebe, als ihre Frucht, ist Erlösung.

4. Maria darf darum die Erst- und Vollerlöste genannt werden (K. Rahner). Zugleich ist sie die exemplarisch Erlöste, und sie ist so Typos des Christseins durch Glauben aufgrund der Gabe des Heiligen Geistes. Im Sinne der Nachfolge Jesu Christi verdeutlicht sie die Gleichgestaltung des Glaubenden und Liebenden mit Leiden, Kreuz, Tod und Verherrlichung des auferstandenen Herrn.

5. Im Hinblick auf ihre heilsgeschichtliche Rolle ist Maria durch die Erlösungsgnade Jesu Christi von der „Erbschuld" bewahrt worden. Als exemplarisch Erlöste ist sie in ihrem Tod in die Vollgestalt der Auferstehungsherrlichkeit Jesu Christi aufgenommen worden (Kurzfassung: mit „Leib und Seele"), „denn alle, die er im voraus erkannt hat, hat er auch im voraus dazu bestimmt, an Wesen und Gestalt seines Sohnes teilzuhaben, damit dieser der Erstgeborene von vielen Brüdern sei. Die aber, die er vorausbestimmt hat, hat er auch berufen, und die er berufen hat, hat er auch gerecht gemacht; die er aber gerecht gemacht hat, die hat er auch verherrlicht" (Röm 8,29 f.). So ist auch Marias Amt der Fürbitte für die pilgernde Kirche begründet. Sie steht mit der ganzen Kirche in der umfassenden Gemeinschaft der Heiligen. Mit den vollendeten Heiligen zusammen ist sie Zeichen der Hoffnung, die jeden Christen erfüllt. Und als Typos von Kirche in Glauben und Nachfolge (Jungfrau und Mutter) verdeutlicht sie die leiblich-soziale Dimension der göttlichen Heilsvermittlung.

6. Die schöpfungstheologische Signifikanz der Differenzierung des Menschen in das männliche und weibliche Geschlecht (in Unterscheidung und Beziehung) ist in Maria in Richtung einer heilsgeschichtlichen Signifikanz überboten. Maria ist als Frau die Repräsentantin der Menschheit als ganzer, die in Jesus Christus Gottes Gnade empfängt, bewahrt und in der Nachfolge Jesu gestaltet. Wenn Paulus die Bedeutung Christi für die Menschheit durch die Adam-Christus-Antithetik verdeutlicht, so konnte sich

die frühe Kirche im Recht fühlen, die Bedeutung Marias durch eine Eva-Maria-Antithetik zu verdeutlichen. Maria wird so zur Verkörperung der reinen Gnade und des vollen Glaubens. Sie darf in diesem Sinn auch „Mutter der Glaubenden" genannt werden. Jesus Christus, das Wort Gottes an uns, ist Mensch geworden als Mann, aber in der Pro-Existenz für alle Menschen, denen er das göttliche Leben vermittelt. Maria als Frau hat den Gott-Menschen empfangen, geboren, genährt und im Leben begleitet, um antwortend darin die Pro-Existenz aller Glaubenden für Gott und für die Brüder und Schwestern in der Gemeinschaft der Kirche darzustellen.

7. Die Zukunft der Mariologie liegt wohl in der marianischen Typologie des Glaubens. Der Glaubende erkennt Maria als Bild des Glaubens. Er sieht sich in die geschichtliche, kirchliche, eschatologische und universale Dimension des neuen Seins in Jesus-Christus hineingenommen, d.h. in die Communio Sanctorum. Dieser Hinweis befreit den Glauben von aller rationalistischen Verengung, wie er ihn auch vor dem Abgleiten in den Irrationalismus bewahrt. Maria vermittelt dem Glauben die Dimension der Freude darüber, daß das ewige Wort Gottes als *der* Mensch zur Welt gekommen ist, der aufgrund seiner Sendung von Gott, seinem ewigen Vater, alles neu macht (Offb 21,5).

In der Gestalt Marias erkennt der glaubende, hoffende und liebende Christ die erste Widerspiegelung der Herrlichkeit der Gnade Gottes, die in Jesus Christus aufgeleuchtet ist. In dieser begnadeten Frau darf er auch das Schöne in Schöpfung und Geschichte und in der erwarteten Vollendung des ewigen Lebens erkennen. So ist – theologisch gesprochen – die Mariologie die erste Veranschaulichung des „pulchrum" der Herrlichkeit Gottes, die in Christus aufleuchtet, das der Kern christlicher Anthropologie sein muß und eigentlich nur ein anderes Wort ist für die Ankunft Gottes beim Menschen „zum Lob seiner herrlichen Gnade" (Eph 1,6).

QUAESTIONES DISPUTATAE

71 **Gisbert Greshake/Gerhard Lohfink, Naherwartung – Auferstehung – Unsterblichkeit.** Untersuchungen zur christlichen Eschatologie
5. Auflage. 232 Seiten. ISBN 3-451-02071-4

74 **Der Tod Jesu.** Deutungen im Neuen Testament
J. Beutler, J. Gnilka, K. Kertelge (Hg.), R. Pesch, R. Schnackenburg, A. Vögtle
2. Auflage, 240 Seiten. ISBN 3-451-02074-2

89 **Paulus in den neutestamentlichen Spätschriften.** Zur Paulusrezeption im NT
K. Kertelge (Hg.), G. Lohfink, K. Löning, H. Merklein, P.-G. Müller, A. Sand, W. Trilling, P. Trummer 240 Seiten. ISBN 3-451-02089-0

90 **Herbert Vorgrimler, Hoffnung auf Vollendung.** Aufriß der Eschatologie
2. Auflage, 176 Seiten. ISBN 3-451-02090-4

91 **Die Theologie und das Lehramt**
P. Eicher, F. Hahn, W. Kasper, W. Kern (Hg.), R. Schaeffler, M. Seckler
240 Seiten. ISBN 3-451-02091-2

92 **Offenbarung im jüdischen und christlichen Glaubensverständnis**
P. Eicher, B. S. Kogan, H.-J. Kraus, M. A. Meyer, J. J. Petuchowski, R. Rendtorff, M. Seckler, W. Strolz, Sh. Talmon, D. Wiederkehr 264 Seiten. ISBN 3-451-02092-0

93 **Mission im Neuen Testament**
N. Brox, H. Frankemölle, K. Kertelge (Hg.), J. Kremer, R. Pesch, G. Schneider, K. Stock, D. Zeller 240 Seiten. ISBN 3-451-02093-9

94 **Richard Schaeffler, Fähigkeit zur Erfahrung.** Zur transzendentalen Hermeneutik des Sprechens von Gott 128 Seiten. ISBN 3-451-02094-7

95 **Die Frau im Urchristentum. Sonderausgabe**
J. Blank, C. Bussmann, M. Bußmann, G. Dautzenberg, R. Geiger, G. Lohfink, R. Mahoney, H. Merklein, K. Müller, H. Ritt, A. Weiser
4. Auflage, 360 Seiten. ISBN 3-451-20841-5

96 **Gewalt und Gewaltlosigkeit im Alten Testament**
E. Haag, N. Lohfink (Hg.), L. Ruppert, R. Schwager 256 Seiten. ISBN 3-451-02096-3

97 **Otto Hermann Pesch, Gerechtfertigt aus Glauben.** Luthers Frage an die Kirche
144 Seiten. ISBN 3-451-02097-1

98 **Christliche Grundlagen des Dialogs mit den Weltreligionen**
A. Ganoczy, H.-W. Gensichen, C. J. v. Korvin-Krasinski, H. Seebaß, W. Strolz, C. Thoma, H. Waldenfels 192 Seiten. ISBN 3-451-02098-X

99 **Heilsgeschichte und ethische Normen**
K. Demmer, B. Fraling, F. Furger, K. Rahner (Vorw.), H. Rotter (Hg.)
160 Seiten. ISBN 3-451-02099-8

100 **Heinrich Fries/Karl Rahner, Einigung der Kirchen – reale Möglichkeit**
Erw. Sonderausgabe mit einer Bilanz „Zustimmung und Kritik“ von H. Fries
3. Auflage. 192 Seiten. ISBN 3-451-20407-X

102 **Ethik im Neuen Testament**
F. Böckle, J. Eckert, W. Egger, F. Furger, P. Hoffmann. K. Kertelge (Hg.), G. Lohfink, R. Schnackenburg, D. Zeller 216 Seiten. ISBN 3-451-02102-1

103 **Stefan N. Bosshard, Erschafft die Welt sich selbst?**
Die Selbstorganisation von Natur und Mensch aus naturwissenschaftlicher, philosophischer und theologischer Sicht 2. Auflage. 264 Seiten. ISBN 3-451-02103-X

104 Gott, der einzige. Zur Entstehung des Monotheismus in Israel
G. Braulik, E. Haag (Hg.), G. Hentschel, H.-W. Jüngling, N. Lohfink, J. Scharbert, E. Zenger 192 Seiten. ISBN 3-451-02104-8

105 Auferstehung Jesu – Auferstehung der Christen
I. Broer, P. Fiedler, H. Gollinger, I. Maisch, J. M. Nützel, L. Oberlinner (Hg.), D. Zeller 200 Seiten. ISBN 3-451-02105-6

106 Seele – Problembegriff christlicher Eschatologie
W. Breuning (Hg.), R. Friedli, G. Greshake, E. Haag, G. Haeffner, O. H. Pesch, H. Verweyen 224 Seiten. ISBN 3-451-02106-4

107 Liturgie – ein vergessenes Thema der Theologie?
A. Angenendt, D. Emeis, M. M. Garijo-Guembe, A. Kallis, K. Kertelge, A. Th. Khoury, K. Lüdicke, F. Merkel, J. J. Petuchowski, K. Richter (Hg.), R. Sauer, H. Vorgrimler, P. Weimar 2. Auflage. 192 Seiten. ISBN 3-451-02107-2

108 Das Gesetz im Neuen Testament
J. Beutler, I. Broer, G. Dautzenberg, P. Fiedler, H. Frankemölle, K. Kertelge (Hg.), J. Lambrecht, K. Müller, F. Mußner, W. Radl, A. Weiser 240 Seiten. ISBN 3-451-02108-0

109 Theorie der Sprachhandlungen und heutige Ekklesiologie
L. Averkamp (Einf.), W. Beinert, N. Brox, E. Coreth, F. Courth, K. Demmer, A. Halder, F.-L. Hossfeld, P. Hünermann, R. Schaeffler 184 Seiten. ISBN 3-451-02109-9

110 Unterwegs zur Kirche. Alttestamentliche Konzeptionen
W. Breuning, H. F. Fuhs, W. Groß, F.-L. Hossfeld, N. Lohfink, Th. Seidl
200 Seiten. ISBN 3-451-02110-2

111 Hans-Josef Klauck, Judas – ein Jünger des Herrn 160 Seiten. ISBN 3-451-02111-0

112 Der Prozeß gegen Jesus
J. Blank, I. Broer, J. Gnilka, K. Kertelge (Hg.), F. Lentzen-Deis, K. Müller, W. Radl, H. Ritt, G. Schneider 2. Auflage. 240 Seiten. ISBN 3-451-02112-9

113 Tiefenpsychologische Deutung des Glaubens? Anfragen an Eugen Drewermann
H. Bürkle, E. Dassmann, F. Furger, A. Görres, W. Kasper, R. Schnackenburg, J. Splett, J. Sudbrack 2. Auflage. 176 Seiten. ISBN 3-451-02113-7

114 Jürgen Moltmann, Was ist heute Theologie? 104 Seiten. ISBN 3-451-02114-5

115 Vorsehung und Handeln Gottes
G. Bachl, H. Häring, F.-L. Hossfeld, H. Jorissen, Th. Schneider (Hg.), R. Schulte, B. Studer, L. Ullrich (Hg.), J. Wanke, L. Weimer 208 Seiten. ISBN 3-451-02115-3

116 Erzählter Glaube – erzählende Kirche
E. Arens, G. Fuchs, O. Fuchs, K. Müller, B. Sill, H. P. Siller, A. Stock, L. Wachinger, E. Zeller, R. Zerfaß (Hg.) 208 Seiten. ISBN 3-451-02117-X

117 Schriftauslegung im Widerstreit
R. Brown, W. H. Lazareth, G. Lindbeck, J. Ratzinger (Hg.)
128 Seiten. ISBN 3-451-02117-8

118 Ars moriendi. Erwägungen zur Kunst des Sterbens
H.-M. Barth, H. Ebeling, W. Falk, T. Kruse, Th. Maas-Ewerd, J. Manser, H. Rolfes, H. Wagner (Hg.), H. R. Zielinski 200 Seiten. ISBN 3-451-02118-8

Herder Freiburg · Basel · Wien